Tobias Faix
LOGBUCH BERUFUNG

TOBIAS FAIX

Navigationshilfen
für ein gelingendes Leben

Mit Illustrationen von Matthias Gieselmann

Über den Autor:
Dr. Tobias Faix lebt mit seiner Frau Christine und seinen zwei Töchtern in Marburg. Er studierte in Deutschland, Amerika und Südafrika Theologie und arbeitet heute als Dozent für Praktische Theologie am Marburger Bildungs- und Studienzentrum; dort leitet er das Studienprogramm „Gesellschaftstransformation".

Bibliografische Information Der Deutschen Bibliothek
Die Deutsche Bibliothek verzeichnet diese Publikation in der Deutschen Nationalbibliografie; detaillierte bibliografische Daten sind im Internet über http://dnb.ddb.de abrufbar.

ISBN 978-3-86827-411-0
Alle Rechte vorbehalten
© 2013 by Verlag der Francke-Buchhandlung GmbH
35037 Marburg an der Lahn
Innenteilillustrationen: Matthias Gieselmann
Umschlaggestaltung: Verlag der Francke-Buchhandlung GmbH /
Sven Gerhardt
Satz: Verlag der Francke-Buchhandlung GmbH
Druck und Bindung: CPI Moravia Books, Korneuburg

www.francke-buch.de

Inhaltsverzeichnis

Vorwort 9
Einleitung: Die Wiederentdeckung eines faszinierenden Themas 11
Der Charakter des Logbuchs 14
Sieben Schritte für eine perfekte Berufung ohne Anstrengung? 18

1. Berufung als roter Faden in der eigenen Lebensreise 25
    1.1 Die Grundfragen des Lebens in unserer eigenen Geschichte ... 29
    1.2 Kultur der Dankbarkeit als Nährboden meiner Berufung 33
    1.3 Der Unterschied zwischen einem gelingenden und
        einem erfolgreichen Leben 37

2. Der Weg zur eigenen Berufung 43
    2.1 Das „Ich im Du" erkennen. Warum Berufung auch eine
        Gemeinschaftssache ist 49
    2.2 Berufung: Großes Wort – große Wirkung? 55
    2.3 Was unter Berufung zu verstehen ist 57
    Meine Berufungsgeschichte 65

3. Sicher in unsicheren Zeiten: Warum es heute so wichtig ist,
seine Berufung zu finden 69
    3.1 Veränderte Zeit, verändertes Leben, veränderte Berufung? 70
    3.2 Der Mut zu einem fokussierten Leben 76
    3.3 Mentoring – Nachahmung – Berufung 80

4. Warum Berufung mit der eigenen Identität zu tun hat 87
    4.1 Die eigene Identität entdecken: Wo komme ich her? 91
    4.2 Der Prozess der Berufung in verschiedenen Lebensphasen 97
    4.3 Was mir Kraft gibt: Persönlichkeitsstärke und Berufung 114
    Meine Berufungsgeschichte 125

5. Kleiner Glaube – großer Gott: Berufung in der Bibel 131
   5.1 Die Berufung des Jeremia und was wir daraus lernen können 135
   5.2 Die Berufung des Paulus und was wir daraus lernen können 139
   5.3 Der Heilige Geist und die Frage der inneren Stimme .. 148

6. Berufung – durch verschiedene Aspekte zur Gewissheit ... 155
   6.1 Was erwarten wir von unserer Berufung? 157
   6.2 Verschiedene Aspekte einer Berufung für ein gelingendes Leben 162
   6.3 Eine Berufung braucht Mut: Mein innerer Antrieb 169

7. Innere Hindernisse auf dem Weg zur eigenen Berufung ... 177
   7.1 Tur Tur und andere Hindernisse auf dem Weg zur eigenen Berufung 178
   7.2 Lügen, die wir glauben 182
   7.3 Eine kurze Geschichte voller Widerstände 185
   Meine Berufungsgeschichte 191

8. Wenn die Berufung die eigene Geschichte weiterschreibt .. 197
   8.1 Die ersten Schritte gehen, das heißt jetzt konkret? 199
   8.2 Berufung und Ethik: Warum sich manchmal Scheitern lohnt 205
   8.3 Losgehen, auch wenn man noch nicht das Ende sieht 211

Weiterführende Literatur 217

Gottes sind Wogen und Wind,
Segel aber und Steuer,
daß ihr den Hafen gewinnt,
sind euer.

GORCH FOCK

Stimmen zum Buch:

„*Tobias Faix führt motivierend, praxisnah, methodisch durchdacht und biblisch fundiert durch das spannende Thema ‚Berufung'. Das Buch ist ein ‚Must Have' für Jugendliche, die vor ihrer Berufswahl stehen, für Berater, die Menschen in Umbruchssituationen beraten, und für Gemeindeleiter, die ihre Gemeinde gabenorientiert führen wollen.*"
Anke Wiedekind, Psychologin, Theologin & Persönlichkeitstrainerin

„*Es bringt nichts, im Leben das Tempo zu erhöhen, wenn die Richtung nicht 100%ig klar ist. Dieses Logbuch lädt mit herausfordernden Impulsen zum Nachdenken über das eigene Leben und die eigene Berufung ein und hilft, in den vielen Angeboten dieser Zeit nicht das Wesentliche zu verpassen. Gerade wenn Sie zu den Vielbeschäftigten gehören, kann dieses Buch überlebenswichtig für Sie sein.*"
Timo Plutschinski, Präsident Europartners

„*Das* Logbuch Berufung *macht dem Titel alle Ehre. Wer auf der Suche nach der eigenen Berufung ist oder diese noch einmal reflektieren möchte, ist gut beraten, sich ein wenig Zeit und das Buch zur Hand zu nehmen. Neben fundierten Einführungen in das facettenreiche Thema Berufung, gibt es spannende – und sofort anwendbare – ‚Navigationstools', die das Lesen und die Umsetzung zu einer echten Entdeckungsreise werden lassen.*"
Silke Gütlich, Amt für Jugendarbeit der Ev. Kirche von Westfalen

„Man mag sich fragen, warum so wesentliche Begriffe im Englischen wie 'friendship' (Freundschaft), 'relationship' (Beziehung), 'mentorship' (Begleitung) oder sogar 'worship' (Lobpreis) das Schiff (ship) im Namen tragen. Und doch macht es so deutlich, was man nicht vergessen darf: Wir sind auf den Meeren unserer Welt und Zeit unterwegs wie ein Schiff, das den Hafen verlassen hat, um Abenteuer zu erleben, sich gleichermaßen den Herausforderungen von Sturm und Windstille zu stellen und Ziele zu erreichen. Doch was ist das Ziel, das mein Schiff ansteuern soll? Wie lautet der Auftrag, was ist unser 'Call', unsere eigene und dann auch gemeinschaftliche Berufung? Ich freue mich an diesem konkreten, praxisnahen Logbuch Berufung, das nicht über dem Leben der Leser segelt, sondern zu einem Kompass des täglichen Lebens werden kann."

Thorsten Riewesell, Leiter von Jumpers e. V.

„Das Logbuch Berufung ist mehr als ein nettes Buch. Tobias Faix gelingt es, seine Leser durch persönlich Erlebtes und sein breites Wissen zum Thema ehrlich und realistisch mit auf die Reise zu nehmen. Durch herausfordernde Fragen und viel Platz für die eigene Auseinandersetzung wird das Logbuch Berufung zum persönlichen Reisetagebuch auf dem Weg, die eigene Berufung zu reflektieren und zu sortieren. Das Logbuch Berufung bietet sich als ein hilfreicher Begleiter für einzelne Personen und für komplette Teams an."

Antje Bockhacker, Teenagerreferentin des Bundes FeG

„Dieses Buch war längst überfällig! Tobias Faix malt mit ein paar gekonnten Pinselstrichen ein buntes, inspirierendes und lebendiges Bild von dem von vielen schon tot geglaubten Wort ‚Berufung'. Er lockt mich als Leser Schritt für Schritt weg vom Ufer meines selbstbezogenen Daseins hinein in das Boot einer spannenden Lebensreise. Er navigiert mich über das Weltmeer des Lebens und gibt mir die Chance, die Erfüllung zu finden, die Gott sich für mich gedacht hat."

Detlef Kühlein, Gründer & Leiter von ‚bibletunes – die Bibel im Ohr'

Vorwort

In jedem Menschen liegt, tief verborgen in einem heiligen Winkel der Seele, ein Lebensthema, eine besondere Begabung, eine Leidenschaft, die nicht eher Ruhe gibt, bis sie entdeckt und gelebt wird.

Oft verschüttet und begraben unter Alltäglichkeiten, manchmal fast erstickt unter einem dicken Teppich aus Stress und Banalitäten, bereitet uns dieses Thema Unbehagen. Es regt sich, rebelliert und macht sich bemerkbar indem es ruft: Sei bedeutend! Dein Leben ist mehr als du bisher daraus gemacht hast! Folge deiner Berufung!

Ich kenne viele Menschen, die ihre Berufung in einem relativ „normalen Setting" verfolgen und denen erst im Laufe ihres Lebens klar geworden ist, wofür oder wogegen sie sich engagieren, ja, mehr noch: Wie und wofür sie leben wollen.

Ich habe mich entschieden, meine Berufung zu meinem Beruf zu machen. Ich bin Gründer und Leiter der blu:boks Berlin, einem sozial-kulturellen Kinderprojekt in einem Brennpunkt-Stadtteil Berlins. In diesem Projekt habe ich meine Lebenserfahrungen, viele Lebensthemen, die mir wichtig geworden sind, und viele meiner Sehnsüchte vereint: Ich helfe jungen Menschen dabei, ihre Berufung zu entdecken und diese zu leben. Und obwohl diese Menschen in der Regel noch relativ jung sind, haben die meisten von ihnen keine Perspektive für ihr Leben. Man hat ihnen beigebracht: Du bist nichts, du kannst nichts, es ist egal, ob du lebst oder nicht!

Wenn ich das erlebe, kommt in mir ein heiliger Zorn auf. Ich erhebe mich. Ich kann nicht tatenlos zusehen, wie diese jungen Menschen für ein hoffnungsvolles und an Perspektiven reiches Leben verloren gehen. Ich möchte, dass sie gerettet werden. Und das ist mein Lebensthema. Ich will junge Menschen retten. Das klingt pathetisch und vielleicht anmaßend. Einige werden erwidern, dass diese Arbeit doch nur ein Tropfen auf den heißen Stein sei. Vielleicht haben sie recht. Aber ich kann nicht anders. Es ist meine Berufung. Es steckt in mir und treibt mich an, fordert mich, macht mich glücklich!

Genau das ist der Grund, warum ich so glücklich über dieses Buch bin. Es ist schon lange überfällig. Ich hätte früher viel darum gegeben, so viele gut strukturierte Gedanken als Navigationshilfe zum Thema Berufung respektive Lebensthema lesen zu können. Es ist ein Buch voller Tiefgang, Sachverstand und richtungsweisenden Gedanken. Vor allem aber strotzt es in jeder Zeile vor Liebe. Einer tiefen Liebe zu den Menschen, die ihre Berufung leben wollen, um in diesem Leben einen Unterschied zu machen.

Nicht zuletzt schätze ich die persönlichen Schilderungen von Tobias Faix. Ehrlich, authentisch und transparent. Man muss nicht als Prophet berufen sein, um zu ahnen, dass Tobias mit diesem Buch einmal mehr seiner Berufung gefolgt ist: Das Schwere und Komplizierte leicht und deutlich abzubilden, damit wir alle angesteckt werden und hell leuchten. Denn wir können nur andere anstecken, wenn wir selber in unserer Berufung brennen! Danke für dieses fantastische Buch!

TORSTEN HEBEL,
Gründer & Leiter der blu:boks Berlin

Einleitung: Die Wiederentdeckung eines faszinierenden Themas

Wir leben in einer Welt, in der schlechte Geschichten erzählt werden; Geschichten, die uns weismachen wollen, das Leben habe keine Bedeutung und das Menschsein habe kein großes Ziel. Darum ist es eine gute Berufung, eine bessere Geschichte zu erzählen. Wie hell eine bessere Geschichte leuchtet! Wie leicht zieht sie die staunenden Augen der Welt auf sich. DONALD MILLER

Die besten Bücher sind nicht die, die uns satt, sondern die, die uns hungrig machen, hungrig auf das Leben. GORCH FOCK

Herzlich willkommen. Dieses Buch möchte Sie in Ihrer Geschichte begleiten und vielleicht sogar Ihre Geschichte beeinflussen. Denn als Autor dieses Buches gehe ich davon aus, dass Donald Miller recht hat, wenn er schreibt, dass eine gute Berufung eine bessere Geschichte zu erzählen hat. Diese Geschichte ist Ihre Lebensgeschichte. Es geht in diesem Buch um Ihr Leben, Ihre Berufung und Ihre Entscheidungen. Dieses Buch soll Sie dabei begleiten, eine Art Logbuch sein, in dem man verschiedene Impulse bekommt, sich Notizen macht, und sich fragt, ob man noch auf dem richtigen Weg ist. Denn eines scheint klar: Wir leben in einer Welt, die immer unübersichtlicher wird, in der sich viele Menschen nach Orientierung sehnen und sich fragen, in welche

Richtung ihre Lebensgeschichte einmal gehen wird. Vieles an den gesellschaftlichen Umbrüchen und Geschehnissen können wir nicht beeinflussen. Aber innerhalb unserer eigenen Lebensgeschichte können wir Entscheidungen treffen und mitbestimmen, in welche Richtung wir uns bewegen wollen. Was erscheint uns wertvoll in unserem Leben? In wen und in was wollen wir investieren? Oder: Was gibt unserem Leben Sinn und Kraft? Dies sind nur einige der Fragen, die uns auf unserem Lebensweg begleiten und die wir uns im Laufe unseres Lebens immer wieder selbst stellen. Die Antworten darauf haben etwas mit unserer Berufung zu tun, einem der spannendsten Themen, das ich mir vorstellen kann, weil es existenziell mit unserem Verständnis von Leben zu tun hat. Ich habe in den letzten zwanzig Jahren als Mentor, Pastor und Lehrer gearbeitet und viele Menschen ein Stück auf ihrem Lebensweg begleitet. Dabei habe ich festgestellt, dass die Frage nach der Berufung ein zentrales Thema für alle Generationen ist. Es sind nicht nur die Jugendlichen, die wissen wollen, was sie mit ihrem Leben anfangen sollen. Ich erinnere mich an Gespräche mit Klaus, der mit Anfang vierzig seinen falschen Entscheidungen seiner Jugend nachtrauerte, weil er Verwaltung studiert hatte und nicht Musik. Heute hat er zwar einen sicheren Beamtenjob, Frau und Familie, aber er lebt mit dem Gefühl, das Falsche zu machen. In den vielen Gesprächen, die wir hatten, stellte Klaus immer wieder die Frage, ob er nicht an seiner Berufung vorbeilebe. Meine Antwort war immer dieselbe: Lebe deine Berufung, denn noch ist es nicht zu spät, damit zu beginnen.

Dass es irgendwann auch ein „Zu spät" gibt, musste ich vor allem als Pastor miterleben, wenn ich Menschen auf ihrer letzten Wegstrecke begleitete. Ich war erstaunt, dass das Thema Berufung gerade im Alter wieder bei vielen Menschen an Bedeutung gewinnt. In dieser Lebensphase ist eher wenig zu ändern, dafür aber umso mehr zu verstehen. Der Theologe und Philosoph Sören Kierkegaard schrieb einmal folgenden Satz in sein Tagebuch: „Das Leben lässt sich nur rückwärts verstehen, muss aber vorwärts gelebt werden." Was sich vielleicht banal anhört, ist doch eine große Herausforderung für das eigene Leben. Die Frage, ob man nach seiner Berufung gelebt hat und das eigene Leben als gelungen bezeichnet, stellen sich viele Menschen, die schon im fortgeschrittenen Alter sind. Und darum lohnt es sich, sich mit der eigenen Berufung und der Frage nach einem gelingenden Leben schon in jungen Jahren auseinanderzusetzen. Dieses Buch will Sie dabei unterstützen. Dabei ist mir bewusst, dass dies nicht das erste und wahrscheinlich auch nicht das letzte Buch zu diesem Themenkomplex ist. Aber es unterscheidet sich von vielen anderen dadurch, dass es einen ganz eigenen inhaltlichen und methodischen Ansatz wählt. Dieses Buch kann am ehesten mit einer Art Reise- und Logbuch verglichen werden, in dem man seinen eigenen Weg reflektiert, Aufzeichnungen dokumentiert und im besten Fall Orientierung für das eigene Leben findet. Es soll dabei ein Begleiter sein, der in Zeiten des Umbruchs und der Unsicherheit auf die eigene Berufung hinweist, Impulse gibt und zum Nachdenken über das eigene Leben anregt. Es ist für Menschen geschrieben, die sich ihrer Berufung bewusst werden wollen, sei es zum ersten Mal oder nach einer gewissen Zeit mal wieder, weil sie merken und fühlen, dass ihnen der Sinn dessen, was sie in ihrem normalen Alltagsleben tun, verloren gegangen ist.

Der Charakter des Logbuchs

Das Logbuch ist vor allem aus der See- und Luftfahrt bekannt und gilt dort als eine Art Tagebuch, in dem alle wichtigen Schritte, die für die Navigation von Bedeutung sind, festgehalten werden. So ist es möglich, dass der Kurs jeden Tag angepasst und neu navigiert werden kann. Dadurch kann im Falle eines Unglücks nicht nur rekonstruiert werden, was auf dem Schiff abgelaufen ist, sondern auch, wer wann mit welcher Aufgabe betraut war. Daraus lässt sich eine Menge lernen, nicht nur für die Vermeidung von weiteren Unfällen, sondern auch für die Ausbildung einer neuen Crew.

Das Bild des Logbuchs scheint mir passend zu sein für das Verständnis von Berufung. Es geht nicht um eine einmalige Kursbestimmung für das eigene Lebensschiff, sondern die eigene Berufung muss immer wieder neu reflektiert, eingestellt und bestimmt werden. Wie beim Navigieren eines Schiffes geht es Stück für Stück voran, und immer wieder muss innegehalten werden und der Kurs abgeglichen und gegebenenfalls neu festgelegt werden. Diese Kurskorrekturen sind notwendig, wenn man ans Ziel seiner Reise kommen möchte.

In unserem Leben ist es ähnlich. Es ist hilfreich, sich ab und zu Zeit zu nehmen und nachzuschauen, ob man noch „auf Kurs" ist oder schon vom eigentlichen Kurs abgekommen ist. Wer einmal vom Kurs abgekommen ist, dem nützt es nichts, noch schneller zu fahren oder noch härter zu arbeiten. Sondern er muss innehalten und den Kurs wieder neu berechnen, um dann in die gewünschte Richtung aufzubrechen. In diesem *Logbuch Berufung* werden deshalb drei typische Begriffe aus der Seefahrt verwendet, die beim Neujustieren des eigenen Kurses wichtig sind:

 TAGEBUCH

Im Tagebuch werden verschiedene Situationen des Tages sowie der aktuelle Standort dokumentiert. Es gibt darin verschiedene Rubriken wie das „meteorologische Tagebuch" (Uhrzeit, Windrichtung, Windstärke, Seegang etc.), das „nautische Tagebuch" (Uhrzeit, Kurs, Distanz etc.) oder das „technische Tagebuch" (Treibstoff, Kontrolle des Motors etc.). In diesem Buch ist vom Tagebuch immer dann die Rede, wenn es darum geht, den bisherigen Kurs zu reflektieren und zu dokumentieren. Inhaltlich geht es dabei um Fragen wie: Welche Begabungen stecken in mir? Welcher Persönlichkeitstyp bin ich? Welche Erfahrungen haben mich bisher geprägt? Die Antworten auf diese Fragen können dann für den eigenen Berufungsprozess fruchtbar gemacht und dokumentiert werden.

 NAVIGATIONSBESTECK

Es besteht aus Zirkel und Kurslinealen und dient in Verbindung mit der Seekarte der Routenplanung. Das Navigationsbesteck ist dazu da, das anvisierte Ziel zu erreichen. Es beschreibt zunächst die aktuelle Positions des Schiffes und hilft dann dabei, den gewünschten Kurs zu bestimmen. Verschiedene Strömungen und Winde können einen immer wieder vom richtigen Kurs abbringen, deshalb muss dieser regelmäßig nachjustiert werden, was dann im Logbuch dokumentiert wird. Dies ist auch im Prozess der eigenen Berufung wichtig. Wohin möchte ich in meinem Berufungsprozess, und wie sieht dafür der nächste Schritt aus? Die Übungen, die als Navigationsbesteck gekennzeichnet sind, sollen helfen, den nächsten Schritt auf dem Kurs zur eigenen Berufung festzulegen.

FERNROHR

Das Fernrohr wird immer wieder gebraucht, um wichtige Markierungspunkte auf dem Weg genauer wahrzunehmen, wie zum Beispiel Burgen oder Leuchttürme an der Küste. Für den eigenen Berufungsprozess ist dies dann wichtig, wenn man merkt, dass ein solcher Markierungspunkt eine besondere Bedeutung hat und es sich lohnt, diesen genauer anzuschauen. Deshalb weist das Fernrohr auf vertiefende und/oder weiterführende Literatur hin, die ich für hilfreich und lesenswert halte. In diesem Logbuch ist nicht der Platz, um alle Themen ausführlich zu erläutern, aber hier erhält man Hinweise, wo man sich zu bestimmten Themen weitere Impulse holen kann. Am Ende des Buches gibt es dann noch eine ausführliche Literaturliste.

Diese drei Begriffe werden sich also durch das ganze Buch ziehen. Immer wieder werden Sie ermutigt, sich ganz persönlich den Fragen zu stellen, um so Ihr eigenes Logbuch zu gestalten. Denn Sie sind der Kapitän Ihres Lebensschiffes und dürfen und müssen die Verantwortung dafür tragen. Ich wünsche Ihnen dabei viel Freude, Segen und vor allem Ausdauer. Die werden Sie brauchen, denn die eigene Berufung gibt es nicht von der „Stange", und die Wirklichkeit des Alltags zeigt sich in vielen Strömungen und Unwettern, sodass man leicht vom Kurs abkommen kann und sich immer wieder Zeit zum Neu-Navigieren nehmen muss, damit man seine Berufung nicht aus den Augen verliert.

Dabei sind die wichtigsten Fragen zum Thema Berufung schon im Wort enthalten: „Be-rufung", da ruft jemand, und da hört jemand diesen Ruf. Wie dies aussehen kann und in welchem Verhältnis beides steht, auch darum soll es in diesem Buch gehen. Dazu gibt es drei große Linien, die dieses Buch durchziehen: die inneren Faktoren einer Berufung, wie zumBeispiel Identität, Persönlichkeit oder die eigenen Stärken und Herausforderungen. Denn Berufung hat immer mit unserer eigenen Geschichte und unserem Leben zu tun. Dazu kommen die äußeren Faktoren einer Berufung, denn wir sind immer auch Teil von etwas Größerem, nämlich der Gesellschaft, die uns prägt und deren „Kind" wir sind. Diese Faktoren beeinflussen uns natürlich und prägen unser Berufungsverständnis. Schließlich gehört dazu die Frage, was Gott mit unserem Leben vorhat und wie er Menschen beruft. Das Besondere ist, dass diese drei Linien sich oftmals überkreuzen und so die eigene Berufung zu einer spannenden Reise machen. Deshalb gibt es auch keine einfachen Antworten und schon gar nicht eine Anleitung, wie man in sieben einfachen Schritten garantiert die perfekte Berufung findet. Dies soll auch durch einige „Berufungsgeschichten" deutlich werden, die ganz unterschiedlich aufzeigen, wie verschiedene Menschen ihre Berufung sehen und gefunden haben. An dieser Stelle gilt mein Dank Elinor, Steve und Gofi.

Sieben Schritte für eine perfekte Berufung ohne Anstrengung?

Ein Samenkorn enthält alles, um die Pflanze zu werden, die sie von Anfang an war. Der Mensch folgt seinem Ruf, den er im Grunde schon immer vernommen hat. AUTOR UNBEKANNT

Die „Sieben Schritte für eine perfekte Berufung ohne Anstrengung" gibt es nicht, weder im Leben noch in diesem Buch. Auch andere Missverständnisse sollen gleich zu Beginn ausgeräumt werden. Denn ich glaube nicht an die oft erhoffte „Schrift am Himmel", die die eigene Berufung künstlerisch hinschreibt. Und ich glaube auch nicht, dass es ein bestimmtes Schema gibt, nach dem jeder seine Berufung garantiert finden kann. Man wird nicht automatisch reich, indem man ein Buch über persönliche Finanzplanung liest. Und wer den neuesten Fünf-Punkte-Diätplan nur kennt, wird dadurch nicht ein Gramm Gewicht verlieren.

Dieses Buch ist anders aufgebaut als viele Ratgeber, die es sonst noch gibt. Ich möchte Sie in Ihre eigene Geschichte, Ihre Biografie hineinnehmen, weil ich glaube, dass da schon viel von Ihrer Berufung angelegt ist. Unsere Berufung liegt sozusagen schon in uns, sie muss sich nur noch entfalten. Natürlich ist es auch möglich, dass die eigene Berufung etwas völlig anderes und Neues darstellt als alles, was wir bisher getan oder auch nur gedacht haben. Und natürlich können die eigenen Träume und die eigene Berufung auch identisch sein, aber das müssen sie nicht zwangsläufig. Ich habe z. B. meine halbe Jugendzeit davon geträumt, ein großer Sänger zu werden, aber leider bin ich völlig unmusikalisch, und eine Karriere als neue Version von *Milli Vanilli* wollte ich mir dann doch nicht vorstellen. Nein, meine Begabungen lagen und liegen in ganz anderen Bereichen. Die Frage nach der eigenen Identität und Persönlichkeit, nach den Gaben, die schon in uns angelegt sind, ist eine wichtige Seite, wenn es um Berufung geht. Die andere ist die Umwelt, in der wir leben. Sie prägt unser Denken und Handeln in den unterschiedlichsten Situationen. Außerdem sind wir mit vielen anderen Menschen zu einer größeren Gemeinschaft verknüpft. Nur in diesem Kontext können wir unsere Individualität leben und verstehen. Denn unsere Individualität nützt uns nichts, wenn sie nicht einen Platz findet, wo sie wertgeschätzt und gebraucht wird. Deshalb wird es in diesem Buch auch immer wieder darum gehen, die gesellschaftlichen Veränderungen und Umbrüche zu verstehen, in denen wir momentan stehen und die wir erleben. Ich bin davon überzeugt, dass diese auch eine große Auswirkung darauf haben, was wir überhaupt unter Berufung verstehen. Denn wir werden feststellen, dass dies gar nicht so klar ist, wie man das auf den ersten Blick meinen könnte. In einer Zeit der vielfältigen Optionen und in einer Welt der zunehmenden Beliebigkeit ist das Wissen um die eigene Berufung wie ein Anker im Sturm, auch wenn sich eine Berufung natürlich verändern kann, wie wir schon festgestellt haben.

Eine weitere Frage ist die nach Gott und wie er beruft. Insgesamt ergeben sich aus diesen drei Bereichen viele interessante Fragen für unser Leben: Welche Träume und Vorstellungen habe ich von meinem Leben? Welche hat Gott? Wie finde ich meine Berufung (neu)? Wie überwinde ich persönliche, familiäre, berufliche Hindernisse? Welche Möglichkeiten kann mein Leben noch haben? Darüber wollen wir in diesem Buch Stück für Stück nachdenken, um dann die eigene Berufung zu entdecken, zu erneuern und ganz praktisch zu leben.

Die eigene Berufung im Leben zu finden ist ein sehr persönliches, oft existenzielles und fest in der eigenen Biografie verankertes Thema. Deshalb möchte ich zu Beginn etwas davon erzählen, was mein Berufungsverständnis mitgeprägt hat. Dabei werden Sie merken, dass in meinem Verständnis von Berufung Gott eine wichtige Rolle spielt. Von ihm wird in diesem Buch immer wieder die Rede sein, weil ich daran glaube, dass er der Schöpfer aller Dinge ist, also verantwortlich ist für all das, was in uns angelegt ist.

Ich gehöre zu den Menschen, die christlich sozialisiert wurden. Meine Eltern haben mich im christlichen Glauben erzogen. Dies ist nicht ungewöhnlich in Deutschland, und doch hatte es bei mir noch eine besondere Note. Ich bin nämlich im Kontext einer evangelischen Kommunität aufgewachsen. Viele Schwestern und Brüder in originellen Trachten gehörten als Kind und Teenager zu meinem Alltag, und einmal im Jahr gab es ein ganz besonderes Ereignis. An diesem Tag wurden die neuen „Geschwister" in die Kommunität aufgenommen und erhielten ihre Tracht. Dies war sehr feierlich und ich war als Kind immer ganz fasziniert davon. Die neuen Kommunitätsgeschwister erzählten dann ausführlich, warum sie ein Leben lang ledig in dieser Kommunität bleiben wollten und ich kann mich an keine Rede erinnern, in der dies nicht mit einer persönlichen Berufung von Gott begründet wurde. So war für mich schon als Kind klar: Gott beruft Menschen aus ihrem alltäglichen und normalen Leben heraus in ein neues kommunitäres Leben hinein. Dies war für mich sehr positiv besetzt, denn ich liebte die Brüder und Schwestern der Kommunität und war als Kind sehr gerne bei ihnen. Eine heile fromme Welt also, in der ich großgeworden bin.

Aber wie das so ist in jeder heilen Kinderwelt, sie bekam Risse und Sprünge. Denn es sind in diese Kommunität nicht nur Menschen ein-, sondern auch ausgetreten, und dies war meistens nicht sehr feierlich und wurde auch nicht mit einer großen Berufungsrede bedacht, sondern das war eher unschön und mit großen Enttäuschungen verbunden. Die gab es auch bei mir und es stellte sich die große Frage: Wie kann es sein, dass Menschen von Gott dazu berufen werden, ein Leben lang treu in einer Kommunität zu leben, und dann nach fünf, zehn oder zwanzig Jahren durch die Hintertür verschwinden und sagen: Nun, vielleicht habe ich mich damals ja verhört.

Heute weiß ich, dass alle Dinge komplexer sind, als ich sie damals als Kind wahrgenommen habe, und doch ist eine Sache geblieben: Ich bin etwas skeptisch gegenüber den großen Berufungsgeschichten, die triumphal von Gottes Führung erzählen. Ich habe gelernt, dass die Nähe zwischen Berufung und eigenen Wünschen groß ist und die Grenzen dabei fließend sein können. Nicht dass ich Berufung ablehne, aber es ist tatsächlich so, wie Sören Kirkegaard es sagte: Manches lässt sich erst im Rückblick richtig einordnen und verstehen. Und Gott malt ja bekanntlich auf krummen Linien gerade, was bedeutet, dass manch ein scheinbarer Umweg für uns Menschen durchaus seine Berechtigung hat, wenn wir später darauf zurückschauen.

So, nun ist es an der Zeit „in See" zu stechen und eines der letzten Abenteuer dieser Erde zu wagen: die eigene Berufung zu finden. Die eigene Berufung ist eine sehr persönliche Angelegenheit, da es um die eigene Identität geht und darum, wie wir das Leben verstehen und manchmal auch missverstehen. Deshalb werde ich immer mal wieder auch aus meinem Leben berichten und schreiben, wie ich bestimmte Dinge sehe und erlebt habe. Dazu gibt es viele Übungen, die Ihnen die Möglichkeit geben, aus dem eigenen Leben zu erzählen und es zu reflektieren. Um diesem Persönlichen auch einen Ausdruck zu geben, werde ich Sie von nun an mit „du" ansprechen. Ich hoffe, dass das für dich in Ordnung ist.

Bevor ich aber loslege, bist du gleich dran, es geht ja um dein Leben, deine Träume, deine Ziele.

Sieben Schritte für eine perfekte Berufung ohne Anstrengung?

 TAGEBUCH

Male und / oder schreibe deinen Traum vom Leben

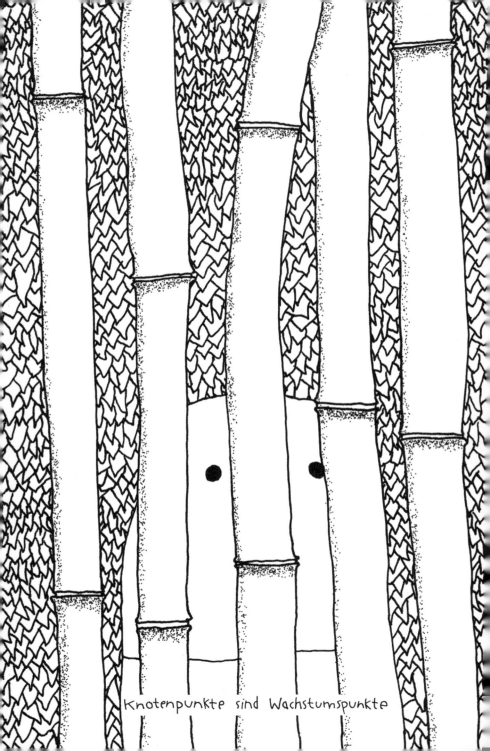

1. Berufung als roter Faden in der eigenen Lebensreise

Jeder bleibe in seiner Berufung.   PAULUS IN 1. KORINTHER 7,20

Dieser Weg wird kein leichter sein, Dieser Weg wird steinig und schwer. Nicht mit vielen wirst Du Dir einig sein, Doch dieses Leben bietet so viel mehr.   XAVIER NAIDOO

Das Leben wurde in der Literatur schon oftmals als Reise beschrieben, beispielsweise von Mark Twain in *Huckleberry Finn*, von Homer in seiner *Odyssee* oder von Herman Hesse in *Siddhartha*. Und auch von Christen wird die Metapher der Reise oft verwendet, denken wir nur an *Die Pilgerreise* von John Bunyan. Dafür gibt es gute Gründe, denn schon die ersten Christen wurden als „die auf dem Weg sind" bezeichnet (Apostelgeschichte 27). Und dieser Weg ist voller Höhen und Tiefen und manchmal steinig und schwer. Und mitten auf diesem Weg suchen wir unsere Berufung. Wenn wir über Berufung reden, dann meinen wir etwas, das mit unserem Lebensweg zu tun hat, ihn beeinflusst und begleitet. Aber manchmal kommt es vor, dass unser Leben aus den Fugen gerät, dass es schwankt zwischen Hoffnung und Verzweiflung. Doch das geht nicht nur uns so. In Lukas 24,13-35 wird von zwei Männern berichtet, die alles auf eine Karte gesetzt hatten. Und dann war auf einmal alles aus. Jesus, dem sie vertraut hatten, dem sie nachgefolgt waren, der sie berufen hatte, war plötzlich tot. Der Bericht aus Lukas 24 zeigt einen Weg auf, der von Verzweiflung über Hoffnung bis zum Leben führt. Aber bis dahin ist noch einiges an Wegstrecke zurückzulegen: Es waren zwei Jünger. Der eine hieß Kleopas, er gehörte zum Verwandtschaftskreis von Jesus. Der Name des anderen wird nicht erwähnt. Vielleicht steht er für dich und deinen Weg, den du noch zu gehen hast. Die beiden waren auf dem Weg nach Hause. Nach dem Motto „Die Hoffnung stirbt zuletzt" hatten sie lange ausgehalten, aber jetzt, am dritten Tag, hatten sie kein Fünkchen Hoffnung mehr. Noch immer konnten sie es nicht fassen. Erregt diskutierten sie über die letzten Tage. Da gesellte sich ein Fremder zu ihnen, der anscheinend keine Ahnung davon hatte, was sich in den letzten Tagen ereignet hatte. Die zwei Jünger gingen mit ihm, erzählten ihm, was passiert war. Und dann steht da ein seltsamer Satz in dieser Geschichte: *„Aber sie erkannten ihn nicht; sie waren wie mit Blindheit geschlagen."* Sie konnten Jesus gar nicht erkennen, da ihnen jemand die Augen zuhielt. Wie man sich das im Einzelnen vorzustellen hat, das wissen wir nicht. Nur eines ist klar: Da war die Hoffnung neben ihnen und sie konnten sie nicht erkennen.

Diese Situation der Jünger ist auch ein Bild für uns: Mitten in den größten Krisen unseres Lebens sind wir oft blind für Jesus, für das, was er will, vielleicht auch für die Berufung, die wir nicht erkennen können. Und wir sind dann wie die beiden in der Geschichte so mit uns selbst, unserer Trauer, unserem Scheitern beschäftigt, dass wir den Hoffnungsschimmer am Horizont gar nicht wahrnehmen. Aber Jesus geht mit den beiden. Er gibt sich ihnen zunächst nicht zu erkennen, sondern ist einfach mit ihnen zusammen unterwegs. Das Leben ist manchmal mehr als Worte. Jesus ist da, auch wenn wir ihn nicht erkennen. Wenn wir ihn nicht verstehen. Ein interessantes Bild.

Es gibt Situationen, da scheint die eigene Berufung aus dem Leben „zu fallen". Alles schien zunächst so klar, und dann spielt das Leben nicht mit. Ich glaube, dass das Bild, das die beiden Jünger abgeben, für unser Thema sehr wichtig ist. Verwirrt zu sein, die Hoffnung aufgegeben zu haben, gehört zum Leben und auch zur Frage nach unserer Berufung. Eine Berufung muss sich sozusagen im Leben bewähren, muss geprüft werden. Diese Situationen zu ertragen ist nicht leicht, es sind aber sogenannte Knotenpunkte im Leben. Da staut sich etwas an, da geht scheinbar nichts weiter, da gibt es nur Trauer, Wut und Resignation. Aber oftmals sind diese Knotenpunkte auch Wachstumspunkte. Solange wir mitten in dieser Situation stecken, können wir das nicht erkennen, aber später im Rückblick sehr wohl.

Knotenpunkte sind Wachstumspunkte

Es ist wie bei manchen Gräsern oder dem Bambus. Sie wachsen sehr schnell, dann geht scheinbar nichts mehr weiter und es bildet sich ein Knotenpunkt, bevor dann plötzlich der nächste Wachstumsschub kommt. Diese Knotenpunkte sind enorm wichtig, denn sie geben dem Bambus seine Stabilität im „Sturm des Lebens".

Perspektivwechsel zum Leben

Zwölf Kilometer weit ist der Weg, den die zwei Jünger zurückzulegen haben. Zunächst berichteten sie dem Unbekannten von dem, was passiert war. Und dann erklärte er ihnen, was eigentlich passiert war. Zweimal dieselbe Geschichte, aber aus ganz unterschiedlichen Perspektiven erzählt. Das führte zur Wende. Bei den Jüngern fing das Herz wieder an zu brennen, sie luden Jesus zu sich ein, sie aßen miteinander und erkannten ihn. Ihn, ihren Herrn, Jesus. Aber bevor sie noch jubeln konnten, war Jesus auch schon weg. Was für ein Wechselbad der Gefühle. Aber es fand eine Veränderung in ihnen statt, sie wussten erst gar nicht so genau, wie und was da vor sich ging. Eine Kraft, die wie ein Feuer in ihnen brannte. Sie spürten etwas von der Auferstehungskraft Christi, die auch uns in unserem Alltag nach „oben" ziehen will. Das ist Hoffnung, auch wenn uns die Schwerkraft unseres Alltags immer wieder nach „unten" zieht. Hier siegt das Leben. Eben glaubten sie noch, sie hätten ihre Berufung verloren, kurze Zeit später jagten sie ihr schon wieder nach. Das Feuer der Berufung brannte wieder: *„Brannte es nicht wie ein Feuer in unserem Herzen, als er unterwegs mit uns sprach und uns den Sinn der Heiligen Schriften aufschloss?"* Das ist bis heute so: Die Begegnung mit Jesus gibt uns neue Kraft, plötzlich fängt das schon erloschene Feuer der Berufung wieder an zu brennen. Die Hoffnung kommt, sie siegt, das Leben beginnt wieder.

Berufung als roter Faden im Leben

Solche Situationen gehören zum Leben, ja sind sogar wichtig für das eigene Wachstums- und Entwicklungspotenzial, auch wenn sich in der Situation selbst manchmal die Frage stellt, ob es einen roten Faden im Leben gibt oder nur ein wirres Knäuel an Erfahrungen. Die eigene Berufung begleitet uns auf unserer Lebensreise, sie verändert sich, ist an manchen Stellen klarer zu sehen und manchmal scheint sie ganz zu verschwinden, aber im Rückblick ist sie oftmals als roter Faden erkennbar, der sich durch unser Leben zieht.

1.1 Die Grundfragen des Lebens in unserer eigenen Geschichte

Die Wissenschaft ist bedeutungslos, weil sie uns keine Antwort auf unsere Frage gibt, die für uns wichtig ist, nämlich, was sollen wir tun und wie sollen wir leben. LEO TOLSTOI

Wenn wir über das Thema Berufung nachdenken, dann tun wir dies in dem Wissen, dass schon Millionen von Menschen vor uns dasselbe getan haben. Auch wenn die Menschen in jeder Epoche der Geschichte dieses Thema unterschiedlich angegangen sind, gibt es doch eine große Linie an grundsätzlichen Fragen, die die Menschheit begleiten. Für alle Menschen in allen Zeiten gelten drei Lebensfragen, die sie beschäftigen und auf die sie eine Antwort suchen:

1. *Wer bin ich?*
2. *Wozu bin ich auf dieser Welt?*
3. *Aus welcher Quelle schöpfe ich (meine Kraft zum Leben)?*

Diese drei Fragen können in diesem Buch nicht ausführlich behandelt werden, aber da sie eng mit der Frage der Berufung zusammenhängen, möchte ich sie zumindest kurz anreißen:

1. Vor einigen Jahren schrieb der deutsche „Volksphilosoph" Richard David Precht den überaus lesenswerten Bestseller *Wer bin ich – und wenn ja wie viele?* Seine philosophische und psychologische Betrachtung des Lebens hat viele Menschen angesprochen, weshalb das Buch mittlerweile in der 24. Auflage erschienen ist. In seinem Buch macht der Autor viele interessante Beobachtungen, aber meines Erachtens fehlt eine

entscheidende, die er in seinen Betrachtungen unerwähnt lässt: Der Mensch ist Ebenbild Gottes (1. Mose 1,26). Der theologische Ausdruck dafür ist „imago Dei" und beschreibt eine zentrale Bedeutung unseres Lebens: Der Mensch ist nach der Wesensart Gottes geschaffen und deshalb spiegelt sich Gott selbst in jedem Menschen wider! Das bedeutet, dass jeder Mensch eine göttliche Würde besitzt, unabhängig von Rasse, Geschlecht, Religion, Milieu oder sexueller Ausrichtung. Alle Menschen sind von Gott geliebt und durch die Schöpfung Teil seines Wesens. Auch wenn wir täglich sehen, dass der Mensch durch den Sündenfall strukturell tief in das Böse verstrickt ist, bleibt er doch Gottes Geschöpf, geliebt und gewollt. Dadurch sind zwar nicht alle Lebens- und Identitätsfragen beantwortet, aber die Tatsache, ein Geschöpf Gottes zu sein, stellt für mich eine Art Nährboden dar, der mir Sicherheit und Zuversicht gibt. Dies lässt mich wissen, dass ich nicht aus Zufall auf der Erde gelandet, dass ich nicht wertlos bin, sondern gewollt und dass dieser Gott grundsätzlich Ja zu mir sagt und einen Plan für mein Leben hat. Dazu hat Gott jedem unterschiedliche Gaben gegeben, die man zur Erfüllung seines Plans einsetzen kann. Dies führt uns gleich zur nächsten Frage:

2. *Wozu bin ich auf dieser Welt?* Sören Kierkegaard merkte zur Ebenbildlichkeit Gottes an, dass diese dem Menschen Freiheit und Würde gibt, sodass er eigene Entscheidungen treffen und so die Welt gestalten kann. Dies ist wie eine grundsätzliche Berufung, die Gott über allen Menschen ausspricht. Sie leben und gestalten das Miteinander auf der Welt zu seiner Ehre. Der Apostel Petrus beschreibt dies folgendermaßen: „Gott hat uns berufen zu seiner Herrlichkeit" (2. Petrus 1,2). In Gottes

Herrlichkeit geht es nicht um Perfektion, sondern um Beziehungen: zu Gott, zu mir selbst, zu den Menschen um mich herum und zur Natur (Matthäus 22,37). Die grundsätzliche Aufgabe für uns Menschen besteht darin, dass wir in diesen vier Beziehungsebenen leben und sie gestalten. Dabei werden und dürfen wir Fehler machen, aber Gottes Liebe und Vergebung möchten uns helfen, diese vier Beziehungsebenen zu gestalten und immer wieder herzustellen. Wenn ich in diesen Beziehungen meinen Platz, meine Heimat finde, dann bin ich auf dem besten Weg, meine eigene Berufung zu finden.

3. *Aus welcher Quelle schöpfe ich (meine Kraft zum Leben)?* Bisher wurde schon klar, dass mir persönlich die Beziehung zu Gott wichtig ist und dass diese in alle Bereiche meines Lebens hineinspielt. Dies hat mit meinem Glauben zu tun und auch mit den Erfahrungen, die ich schon mit Gott gemacht habe. Diese Erfahrungen haben mir gezeigt, dass dieser Schöpfergott genau weiß, was für mich gut ist, wo meine Grenzen sind und was ich zum Leben brauche. Keine Frage, manchmal bin ich mir nicht so sicher, ob ich meine Kraft zum Leben aus Gott schöpfe, aus mir selbst und meinen eigenen Gedanken oder einfach nur aus einer bestimmten Situation. Aber im Laufe der Zeit habe ich gelernt, dies immer mehr zu unterscheiden. Manchmal, wenn ich zurückblicke, verändert sich mein Blick auf eine bestimmte Situation oder Entscheidung auch und ich merke, dass ich mich getäuscht habe. Aber das ist o. k., denn es geht ja nicht um Perfektion. Ich bin nicht der Erste und nicht der Einzige, der sich diese Frage stellt, sondern ich stehe in einer langen Tradition, ja in einer größeren Geschichte, die Gott mit der Menschheit schreibt und in die ich meine eigene Lebensgeschichte einordnen kann. Ein Vor-

bild ist da für mich der protestantische Widerstandskämpfer Dietrich Bonhoeffer, der sagt, dass er gerade im Widerstand gegen den Nationalsozialismus seine Kraft von Gott bekommen habe. Selbst im Gefängnis und trotz aller Zweifel und aller Demütigung habe er aus der Kraft Gottes geschöpft. Dies bewundere ich sehr.

Bonhoeffer hat selbst in schwierigsten Zeiten immer dankbar den Blick zu Gott gehalten und hat bei allen Zweifeln und Widrigkeiten des Lebens an seiner Berufung dankbar festgehalten. Dies war sein wahrer Reichtum, wie er selbst sagt, und darum soll es im folgenden Punkt gehen.

Denken hängt mit Danken zusammen

1.2 Kultur der Dankbarkeit als Nährboden meiner Berufung

Im normalen Leben wird einem oft gar nicht bewusst, dass der Mensch überhaupt unendlich mehr empfängt, als er gibt, und dass Dankbarkeit das Leben erst reich macht. DIETRICH BONHOEFFER

Nicht die Glücklichen sind dankbar. Es sind die Dankbaren, die glücklich sind. SIR FRANCIS BACON

Vor einiger Zeit war ich zu Vorlesungen an unserer Partneruniversität in Südafrika eingeladen. Meine erste Vorlesung verlief zufriedenstellend und ich ging einigermaßen beglückt zum Mittagessen. Dort saß ich neben Manala. Manala kommt aus dem Kongo und ist dort seit vier Jahren Pastor. Nicht ganz freiwillig, wie er berichtete, da allein in seinem Gemeindeverband Tausende Pastoren fehlen. Also wurde er kurzerhand von der Gemeinde zum Pastor berufen. Diese Berufung kam etwas plötzlich, aber Manala erzählte mir, dass er sie mit klopfendem Herzen angenommen habe, da er weder zum Pastor ausgebildet war, noch sich selbst als einer sah. Eine Berufung, die sein ganzes Leben veränderte. Nun studierte er nebenbei im Fernstudium Theologie und hatte einmal im Jahr die Möglichkeit, an die Universität und somit auch in eine Bibliothek zu kommen. Hier konnte er alle Bücher kopieren, die er für das gesamte nächste Studienjahr brauchen würde. Manala erzählte mir das mit einer solchen Begeisterung, als hätte er gerade im Lotto gewonnen. Ich wurde während des Gesprächs immer stiller, während Manala von seiner wachsenden Gemeinde, seiner Frau und den sieben Kindern erzählte. Schließlich sagte ich gar nichts mehr und Tumelo mischte sich in unser Gespräch ein. Er erzählte voller Stolz, dass er seit einem Jahr Theologie studiere. Damit habe sich für ihn, den 71-Jährigen, ein Lebenstraum erfüllt.

Ein paar Tage später war mein Aufenthalt in Pretoria beendet, aber die Eindrücke der Reise blieben. Zum einen wurde mir klar, dass einem manchmal eine Berufung zugesprochen wird (egal, ob man diese annimmt oder nicht) und dass man in seine Berufung auch hineinwachsen kann. Zum anderen dachte ich an Paulus, der den Korinthern schrieb: *„Kommt nicht alles, was du hast, von Gott? Wie kannst du damit angeben, als hättest du es von dir selbst?"* (1Kor 4,7). Ich habe viel, vielleicht sogar zu viel, und bin doch oftmals undankbar, und das Gift des „Haben-Wollens" kriecht durch meinen Kopf und vergiftet mich. Alles, was ich bin und habe, kommt von Gott und gehört ihm auch. Ich verwalte es nur und kann es durch Teilen sogar vermehren. Dieser Glaube verändert meinen Blick auf mein Leben. Die Begegnung mit Manala und Tumelo hat einiges in mir bewirkt. Nicht, dass ich nun mein ganzes Leben umgekrempelt hätte, aber meine Einstellung zu dem, was ich alles habe und nutze, begann sich zu verändern. Dafür bin ich dankbar. Und ich glaube, dass diese Dankbarkeit auch mit meiner Berufung zusammenhängt. Manchmal habe ich nämlich vor lauter Unzufriedenheit meine eigene Berufung gar nicht mehr gesehen. Ich will mich von diesem schleichenden Gift nicht mehr lähmen lassen, sondern die Dankbarkeit zu einer Grundhaltung meines Lebens machen. Ich weiß, dass dies ein Prozess ist und ich immer wieder zum „defizitären Blick" neigen werde, aber ich weiß, dass ich auf dem Weg bin. Manchmal muss ich mich bewusst für die Dankbarkeit entscheiden, denn Danken hängt eng mit Denken zusammen.

Danken hängt mit Denken zusammen

Danken und denken sind in der deutschen Sprache sehr eng miteinander verwandt. Sie klingen nicht nur ganz ähnlich, sondern stammen aus derselben Wortfamilie und stehen in der Wirklichkeit unseres Lebens oft näher zusammen, als es uns selbst bewusst ist. Das Denken kann das Danken leiten. Um eine Grundhaltung des Dankes zu bekommen, muss es eingeübt werden. Das Gute im Leben nicht nur empfangen oder es gar für selbstverständlich halten, das fängt im Denken und Reflektieren über die eigene Situation an. Es geht darum, nicht nur haben zu wollen, sondern weiterzugeben, zu teilen.

In Israel gibt es zwei große Gewässer, den See Genezareth und das Tote Meer. Der Hauptunterschied ist, dass der See Genezareth einen Zu- und einen Abfluss hat, während das Tote Meer zwar das Wasser des Jordans aufnimmt, es aber nicht abgibt. So wird das Tote Meer zu einem Sammelbecken ohne Abfluss, das allmählich versalzt und in dessen Umgebung alles Leben stirbt. Ich denke, dass es mit unserem Leben manchmal ähnlich ist: Ohne den Dank fehlt uns der Abfluss, wird unser Leben einseitig, salzig und bitter, sodass vieles langsam abstirbt, auch unsere eigene Berufung. Der amerikanische Schriftsteller Os Guinness hat dies einmal treffend formuliert, als er schrieb: „Das Problem mit den Christen in der westlichen Welt ist nicht, dass sie nicht dort sind, wo sie sein sollen, sondern vielmehr, dass sie nicht da, wo sie sind, das sind, was sie sein sollten." Undankbarkeit gegenüber Gott und unseren Mitmenschen verhindert, dass wir das sind, was wir sein sollen, und lässt uns und unsere Berufung langsam absterben. Vom Denken ins Danken zu kommen, ist also eine Aufgabe, die gar nicht so einfach ist, die aber meine Einstellung zum Leben verändern kann. Es geht meines Erachtens im Leben nämlich nicht nur um Erfolg.

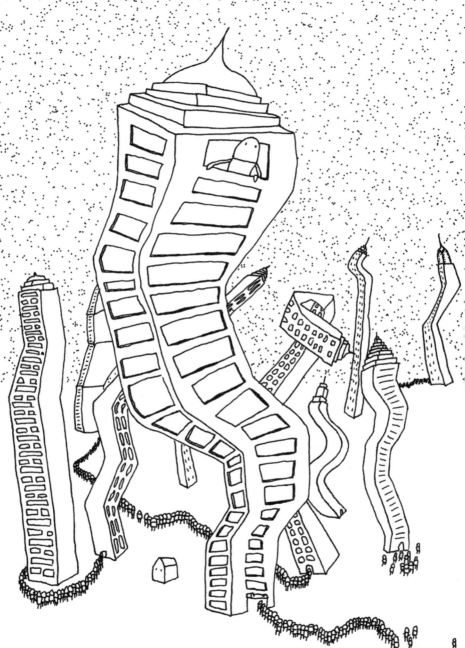
Im Gebäude geirrt

1.3 Der Unterschied zwischen einem gelingenden und einem erfolgreichen Leben

Die Frage nach der eigenen Berufung führt meines Erachtens nicht zwangsläufig zu einem erfolgreicheren Leben. Auch wenn uns die Konsumgesellschaft immer wieder einflüstert, dass wir „better, faster, bigger, more" werden müssen. Nein, beim Thema Berufung geht es um ein gelingendes Leben.

Erfolg misst sich immer an anderen. Wer erfolgreich ist, ist besser als andere, überflügelt sie und grenzt sich somit immer weiter ab. Dies führt zu einem ständigen Vergleichen, einem Wettbewerb, der der eigenen Berufung oftmals im Wege steht, da man seine Kraft und seine Zeit diesem Wettbewerb widmet und nicht der Frage, ob man in seiner Berufung auch tatsächlich lebt.

Ein gelingendes Leben steht im Einklang mit dem, was man selbst ist und werden kann und was Gott in einen hineingelegt hat, was seine Pläne für das eigene Leben sind. Wenn ich das weiß und innere Sicherheit und Balance für das eigene Leben finde, dann geht es nicht mehr in erster Linie um den Vergleich und den Erfolg, weil diese Maßstäbe plötzlich zweitrangig werden. Ein gelingendes Leben möchte die unterschiedlichen guten und herausfordernden Dinge des Lebens integrieren. Dies ist für die Frage der Berufung sehr wichtig und wird uns in diesem Buch auch wiederholt beschäftigen. Es geht oftmals nicht darum, gegen bestimmte negative Eigenschaften, Ereignisse oder Situationen anzukämpfen, um besser und erfolgreicher zu werden, sondern darum, sie ins eigene Leben zu integrieren. Ich möchte gar nicht behaupten, dass ein gelingendes Leben nicht auch erfolgreich sein kann. Dies ist durchaus möglich, aber es passiert nebenbei. Das Streben nach Erfolg ist nicht die Antriebsfeder. So viele Menschen ordnen ihr ganzes Leben dem eigenen Erfolg unter und merken gar nicht, dass sie an ihrer eigentlichen Berufung vorbeileben. Dazu kommt, dass auch die Gesellschaft uns von allen Seiten zuruft, es gehe um den eigenen Erfolg und jeder müsse sich um sich selbst kümmern, wenn er oder sie nicht zu kurz kommen wolle. Sich die innere Freiheit zu nehmen, um sich von den äußeren Umständen nicht gefangen nehmen zu lassen, ist für mich eine permanente Herausforderung. Ich stecke da mitten drin und merke, wie schwer mir das immer wieder fällt.

Der Geigenbauer Martin Schleske schreibt in seinem Buch *Der Klang* davon, wie die wunderbaren Klangfarben einer Geige entstehen. Neben der Fähigkeit, das Instrument virtuos zu spielen, kommt es sehr darauf an, wie die Geige gebaut wurde. Um einen perfekten Klang zu bekommen, braucht es dabei den richtigen Resonanzkörper, der aus verschiedenen Wechselspielen besteht, nämlich die eigentlichen gegensätzlichen Kräfte von Spannung und Bewegung. Das Wechselspiel der beide Gegensätze bildet die Resonanzen in der Geige, was dann die wunderbare Klangfarbe erzeugt. Martin Schleske überträgt dieses Bild auf unser menschliches Leben und unsere Hoffnung auf ein gelingendes und erfülltes Leben. Nicht der Erfolg und das Streben danach bringt unser Leben zum Klingen, sondern die Gegensätze, die unser Leben oftmals ausmachen. Dazu gehören auch Niederlagen, Stillstand und die Frage, für wen ich eine Erfüllung sein kann. So schreibt er:

„Wer ein erfülltes Leben sucht, hat keine andere Wahl, als zu fragen, was sich durch ihn erfüllen soll. Das ist wohl das Wesen des Glücks und entspricht darin der Arbeitsweise des Geigenbauers im Umgang mit dem Holz. Der Klang des Lebens wird im Faserverlauf des menschlichen Herzens erfüllt – und nicht daran vorbei."

Ich merke, dass es sich lohnt zu unterscheiden, ob ich auf ein erfolgreiches oder gelingendes Leben setzen möchte. Und ich möchte lernen, das umzusetzen, bevor ich zu viel Zeit und Kraft für etwas Falsches eingesetzt habe. Sonst könnte es mir gehen wie denjenigen, von denen der Schriftsteller und Forscher Joseph Campbell einmal treffend schrieb:

„Während unserer ersten 35 oder 40 Lebensjahre haben wir uns bemüht, eine lange Treppe hinaufzusteigen, um den ersten Stock eines Gebäudes zu erreichen. Sind wir endlich unter dem Dach, stellen wir fest, dass wir uns im Gebäude geirrt haben."

Die Suche nach der eigenen Berufung für ein gelingendes Leben möchte uns dabei helfen, im richtigen Gebäude die Treppe des Lebens zu erklimmen. Dabei werden uns ganz unterschiedliche Fragen beschäftigen. Einige grundlegende haben wir schon angerissen, weiteren werden wir auf dem Weg zur eigenen Berufung noch begegnen, wie zum Beispiel der Frage: Bin ich bereit, mich auf Veränderungen einzulassen? Wenn ich nämlich festgestellt habe, dass ich im „falschen Haus" bin, muss ich die Treppe wieder runtergehen und ins andere, richtige Haus wechseln. Das ist oftmals ein schmerzhafter Prozess, weil man zugeben muss, dass man bisher in die falsche Richtung gelaufen ist.

Die Frage nach einem gelingenden Leben ist auch die Frage nach der Perspektive meines Lebens. Wenn ich nur auf den momentanen Erfolg schaue, mag dies für den Augenblick zwar in Ordnung sein, aber ob es den Lebenssinn trifft, bleibt zumindest fraglich. Das Beispiel des Apfelbaums hat mir das gut vor Augen geführt. Wenn man nur auf die erfolgreiche Ernte im Herbst schaut, mag das richtig und von Erfolg gekrönt sein. Aber der Sinn von Apfelbäumen ist nicht nur, dass Äpfel daran wachsen, sondern dass neue Apfelbäume entstehen! Damit dies gelingt, muss ein Teil der Ernte wieder neu eingepflanzt werden. Ein gelingendes Leben schaut nicht auf den kurzfristigen Erfolg, sondern sucht nach dem grundsätzlichen Sinn des Lebens.

Was verstehe ich unter einem gelingenden Leben?

„Bei der Frage nach der Berufung geht es um ein gelingendes Leben, nicht um ein erfolgreiches!"

Was gehört für mich zu einem gelingenden Leben?

Die eigenen Emotionen spüren

Im Leben geht es immer wieder auf und ab und die eigenen Emotionen sind ein guter Gradmesser dafür, wie man bestimmte Situationen einschätzt. Dabei geht es jetzt nicht um ganz kleine, sondern um größere, vielleicht auch wiederkehrende Situationen im eigenen Leben.

Habe ich das Gefühl, dass mein Leben in die richtige Richtung geht?

Die „heilige Unzufriedenheit" entdecken (Was frustriert mich in meinem Leben?)

Die „heilige Zufriedenheit" entdecken (Was spornt mich in meinem Leben an, was motiviert mich?)

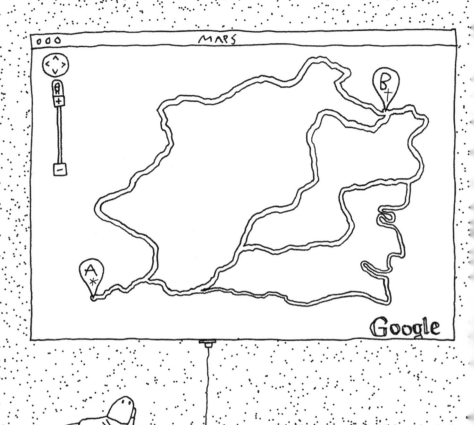

2. Der Weg zur eigenen Berufung

Berufung im pragmatischen Sinn ist das Gefühl: Da, wo ich bin, bin ich gerade richtig.   EVA MARIA ZURHORST

Der Mensch wird des Weges geführt, den er wählt.

SCHALOM BEN CHORIN

Berufung ist ein vieldeutiger und auch umstrittener Begriff, dem wir auf die Spur kommen wollen. Die lateinische Übersetzung lautet „vocatio" und bedeutet, dass Gott jemanden für einen bestimmten Dienst oder eine Aufgabe beruft. Mittlerweile wird der Begriff „Berufung" oft von diesem spirituellen Ursprung losgelöst gesehen und als „innere Stimme" verstanden. Manche sprechen von einer Lebensaufgabe, und Berufung wird dann im Zusammenhang mit dem eigenen Beruf gesehen (der eigene Beruf als Berufung). Auf den ersten Seiten dieses Buches wurde schon klar, dass ich den Begriff Berufung von seinem Ursprung her verstehe und dass bei der Suche nach der eigenen Berufung Gott eine Rolle spielt. Deshalb sehe ich den einzelnen Menschen mit seiner Biografie, seinen Begabungen und seinem ganzen Sein als etwas Wichtiges an, in dem schon viel von dem liegt, was wir später als Berufung erkennen werden.

Jede Berufung ist dabei einzigartig und wird von verschiedenen Einflüssen geprägt. So gab es zu allen Zeiten in der Geschichte Berufungen, aber sie waren nicht immer gleich. In allen Phasen des Lebens gibt es besondere Fragen, auch an die Berufung. Jede Persönlichkeit spricht auf bestimmte Sprachen der Berufung an. Jede Biografie ist durch das eigene soziale Umfeld geprägt, von der Ursprungsfamilie bis zum jeweiligen Milieu, aus dem man kommt. In all das ruft und wirkt Gott hinein. Davon gehe ich in diesem Buch aus. Dass Berufung nicht nur etwas Innerweltliches, Emotionales oder Psychologisches ist, sondern dass es einen Gott außerhalb unserer Lebenswelt gibt, der aber genau in diese eingreifen kann. Dies ist von entscheidender Wichtigkeit, da die Deutung von ein- und demselben Ereignis dadurch kaum unterschiedlicher sein könnte. Zwei Personen erleben eine ähnliche Geschichte, beispielsweise, dass sie von einer Krankheit geheilt worden sind. Die eine Person glaubte an Gott und hat für die Heilung gebetet und sieht diese jetzt als ein Wunder Gottes in ihrem Leben an. Die andere Person glaubt nicht an Gott, hat auch nicht gebetet und ist jetzt dankbar, dass sie zu den wenigen gehört, die plötzlich wider Erwarten gesund geworden sind. Zugespitzt könnte man in verschiedenen Situationen fragen: „Zufall oder Gott?" und jede Person muss die Antwort selbst geben. Sicher ist nur, dass wir alle von einem Weltbild ausgehen, welches uns geprägt hat und uns leitet und mit dessen Hilfe wir die verschiedenen Lebensfragen beantworten werden, auch die Frage nach unserer Berufung.

Warum denke, glaube und lebe ich so, wie ich es tue? Dies ist sicherlich eine der zentralen Fragen, wenn es um die subjektive Wirklichkeitsdeutung des eigenen Lebens- und Weltverständnisses geht. Jeder Mensch wird in eine bestimmte Kultur und Zeit hineingeboren und in ihr erzogen. Der Soziologe Rolf Eickelpasch bezeichnet die kulturelle Prägung unseres Alltags als „Grammatik des Denkens, Fühlens und Handelns", die uns fast unsichtbar einen Katalog von Spielregeln und Verhaltens-

2. Der Weg zur eigenen Berufung

mustern diktiert, die uns als Menschen helfen, in unserem Dasein Orientierung und Sicherheit zu finden. Diese kulturelle Einbindung des Menschen und ihre Folgen für unser Denken, Sein und Verstehen ist die Grundlage, auf der wir unser Verstehen aufbauen.

Arbogast Schmitt, Philologe an der Philipps-Universität Marburg, sagte auf seiner Abschiedsvorlesung im Sommer 2011 zum Thema „Wissenschaft und Bildung": „Es ist ein großer Irrtum, zu glauben, die Geschichte beeinflusst einen nicht, solange man sie nicht kennt." Es ist deshalb geradezu unsere Pflicht, uns dem eigenen Vorverständnis und unserer kulturellen Prägung zu stellen, besonders, wenn es um das Thema Berufung und dort im Speziellen um den Glauben an Gott geht. Aber wie erkennen wir die eigene Prägung? Das eigene Weltbild?

Der jüdische Philosoph Martin Buber schlägt dazu vor, den Dialog mit unserem Nächsten zu suchen und darin unsere Berufung zu erkennen. Denn Berufung hat immer auch etwas mit Gemeinschaft zu tun. Bevor wir diesen Gedanken konkretisieren, möchte ich ein paar grundlegende Spannungsfelder aufzeigen, in denen sich das Thema Berufung häufig abspielt.

 aus mir vs. zu mir

 allgemein vs. besonders

 kollektiv vs. individuell

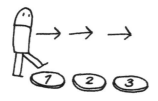 prozesshaft vs. punktuell

 durch eine Gemeinschaft vs. für eine Gemeinschaft

2. Der Weg zur eigenen Berufung

Spannungsfeld 1:

- Berufung *aus* mir: Berufung hat etwas mit meiner Identität, meinen Gaben, meiner Biografie zu tun.
- Berufung *zu* mir: Bei Berufung ruft mir jemand etwas zu. Berufung ist auch etwas von außen, Gott ruft in mein Leben hinein.

Spannungsfeld 2:

- *Allgemeine* Berufung: Jeder Mensch ist von Gott geschaffen und geliebt und Gott hat sich bei jedem etwas gedacht, deshalb sind alle grundsätzlich berufen, weil sie gewollt und geplant sind.
- *Besondere* Berufung: Für jeden Menschen gibt es darüber hinaus auch eine besondere Berufung.

Spannungsfeld 3:

- *Kollektive* Berufung: Manchmal gibt es Berufungen für ein Ehepaar, eine Familie oder eine Gruppe von Menschen.
- *Individuelle* Berufung: Berufung ist auch etwas für mein individuelles Leben, was meinem Leben Richtung und Sicherheit gibt.

Spannungsfeld 4:

- *Prozesshafte* Berufung: Grundsätzlich gehe ich davon aus, dass Berufung ein lebenslanger Prozess ist. Im griechischen Text des Neuen Testaments gibt es dafür auch zwei Ausdrücke, wenn es darum geht, Zeit zu beschreiben. Für einen Zeitabschnitt oder die Beschreibung eines Prozesses in einem Zeitraum steht das Wort *chronos*.

- *Punktuelle* Berufung: Für einen konkreten Zeitpunkt steht dort das Wort *kairos*. Berufung geschieht zu einem bestimmten von Gott geführten Zeitpunkt, der ein ganzes Leben prägen kann.

Spannungsfeld 5:

- Berufung *durch* eine Gemeinschaft: Um seine Berufung zu finden, ist eine Gemeinschaft etwas sehr Wertvolles. Menschen können einen begleiten oder auch Berufungen aussprechen. Auf alle Fälle helfen sie dabei, die eigene Berufung zu finden.
- Berufung *für* eine Gemeinschaft: Meine Berufung ist nicht nur für mich selbst da, sondern wenn ich meine Berufung finde, wird dies auch Auswirkungen auf die Menschen um mich herum haben. Mit meiner Berufung diene ich den Menschen um mich herum.

All diese Spannungsfelder werden an verschiedenen Stellen in diesem Buch vorkommen und noch etwas genauer beschrieben werden. Dabei schweben sie nicht im luftleeren Raum, sondern finden sich in konkreten gesellschaftlichen Situationen, die unser Verständnis von Berufung prägen. Diese Spannungsfelder sind auch nicht (immer) aufzulösen. Sie sollen einen Rahmen darstellen, innerhalb dessen wir uns auf den folgenden Seiten mit dem Thema Berufung beschäftigen wollen. Anfangen möchte ich bei dem Spannungsfeld Gemeinschaft.

2.1 Das „Ich im Du" erkennen. Warum Berufung auch eine Gemeinschaftssache ist

Bei sich beginnen, aber nicht bei sich enden, von sich ausgehen, aber nicht auf sich abzielen, sich erfassen, aber nicht sich mit sich befassen.

MARTIN BUBER

Neben Gott und mir selbst spielen die Menschen um mich herum eine zentrale Bedeutung bei der Suche nach der eigenen Berufung. So existenziell die eigene Berufung auch ist und so individuell sie gesucht und umgesetzt werden muss, so sehr brauchen wir ein Gegenüber. Wenn ich an meinen eigenen Weg denke, hat dies immer wieder eine wichtige Rolle gespielt. Menschen, mit denen ich viel zu tun hatte und die mich kannten, haben mich gefragt, ob ich denke, dass das, was ich gerade tue, meiner Berufung entspricht. Ich habe den Beruf des Schornsteinfegers gelernt und war in diesem Beruf auch glücklich. Ehrlich gesagt hat es mich auch etwas geärgert, als mein damaliger Jugendleiter mich fragte, ob das meine Berufung sei. Als ich ihn zurückfragte, warum denn nicht, zuckte er nur mit den Schultern und meinte, dass ich ja vielleicht auch hauptamtlich in Gottes Dienst treten und Theologie studieren könnte oder so was in die Richtung. Damit war das Gespräch auch schon zu Ende und ich fand seinen Vorschlag zunächst völlig abwegig. Aber der Gedanke ließ mich in den nächsten Monaten nicht mehr los. Es war, als wenn ein Same gesät worden wäre, der langsam in meinem Herzen zu wachsen begann. Dann fing ich an, mit Freunden darüber zu reden, zu beten und darüber nachzudenken, was das denn für mich heißen würde. Es war ein spannender Prozess, der über zwei Jahre ging und an dessen Ende ich tatsächlich meinen Schornsteinfegerjob aufgab und ein Theologiestudium aufnahm. Das war eine entscheidende Lebenswende, nicht weil Schornsteinfeger ein schlechter Beruf war, ganz im Gegenteil, sondern weil mein Leben einen ganz anderen Verlauf nehmen sollte.

„Ich – Es – Du" oder was ich von einer Berufung wirklich erwarten kann

Martin Buber hat sich mit solchen und ähnlichen Prozessen fast sein ganzes Leben lang beschäftigt und dazu einige spannende Bücher geschrieben (*Der Weg des Menschen, Ich & Du* oder *Das dialogische Prinzip*). Vieles von dem, was er schreibt, dreht sich um die Beziehungen, in denen wir stehen und die Bedeutung, die sie in unserem Leben haben. Dabei unterscheidet er zwischen drei verschiedenen Ebenen, auf denen wir Menschen uns ständig bewegen: dem Ich (mir selbst), dem Du (dem anderen) und dem Es (der Sache, mit der ich zu tun habe). Als Dreh- und Angelpunkt von Bubers religionsphilosophischem Ansatz ist jedoch die Beziehungshaftigkeit des Menschen zum „ewigen Du" Gottes zu sehen.

Ich finde diesen Ansatz besonders in einer Zeit des Individualismus sehr wichtig, weil er uns zeigt, dass wir allein nicht weit kommen, sondern das Du des anderen brauchen. So sagt Buber: „Bei sich beginnen, aber nicht bei sich enden, von sich ausgehen, aber nicht auf sich abzielen, sich erfassen, aber nicht sich mit sich befassen." Berufung ist nichts Egoistisches, nichts, was nur für mich ist, sondern sucht immer auch den anderen. Dies macht Buber sehr plausibel deutlich. Das Spannende daran ist, dass sich die jeweiligen Ebenen gegenseitig beeinflussen und auch zeigen, was meine jeweilige Motivation ist. Die „Ich-Du-Beziehung" unterscheidet sich jedoch insofern von der „Ich-Es-Beziehung", als nur sie eine wirkliche Begegnung, ein wahrhaftiges „Gespräch" zulässt. Ich möchte diese zwei Beziehungsebenen nun ganz praktisch anhand von drei ganz unterschiedlichen Beispielen beschreiben und lebendig machen.

a) „Ich – Es" beschreibt die funktionale Ebene: Was bringt mir das? Was ist machbar?

- Beispiel Baum: Wie viel Papier der wohl gibt? Wie funktioniert die Fotosynthese?
- Beispiel Berufung: Was bringt mir meine Berufung? Was habe ich davon, wenn ich sie finde?
- Beispiel Gott: Was kann Gott heute für mich tun?

Auf der funktionalen Ebene wird das angesprochen, was rein sachlich interessant ist. Dies ist ein wichtiger Aspekt, der täglich wichtige Informationen über das Leben preisgibt, und diese Ebene brauchen wir zum Beispiel sehr häufig, um gute und richtige

Entscheidungen zu treffen. Buber weist aber darauf hin, dass die „Ich-Es-Ebene" unsere innere Sehnsucht nach Gemeinschaft und unsere Anlage auf Beziehungen nicht stillen kann. Dazu dient die zweite Ebene:

b) „Ich-Du-Beziehungsebene": Wie ist das Leben zu leben? Wer bin ich? Was macht in meinem Leben Sinn?

- Beispiel Baum: Gott hat den Baum und mich geschaffen, deshalb stehe ich durch Gott in einer Beziehung mit dem Baum und kann ihn und seine Vorzüge genießen und habe gleichzeitig eine Verantwortung für ihn.
- Beispiel Berufung: Meine Berufung entspringt aus meinem Leben und den Beziehungsebenen, in denen ich stehe.
- Beispiel Gott: Gott ist nicht dazu da, meine Wünsche (Gebete) zu erfüllen, sondern möchte mit mir verbunden sein und mich in meinem Leben begleiten.

Buber merkt dazu an, dass die Beziehungsebene nur ganz praktisch gelebt werden kann und die Höhen und Tiefen des Lebens dazugehören.

Die Frage der Berufung finden wir auf der „Ich-Du-Beziehungsebene", da, wo wir einander begegnen, uns ernst nehmen, kennenlernen, das Leben feiern und uns auf unserem Lebensweg begleiten. Unsere Existenz ist angebunden an diese Ebene, deshalb ist es wichtig, diese nicht zu vernachlässigen. Dietrich Bonhoeffer schrieb dazu geradezu provozierend: „Wer es nicht aushalten kann, in Gemeinschaft mit anderen zu sein, sollte sich davor hüten, allein zu sein. Menschen, die danach streben, für sich allein zu leben, stürzen in das bodenlose Loch von Stolz, Selbstherrlichkeit und Verzweiflung." Auch wenn wir individualistisch geprägt sind und uns oft egoistisch verhalten, sollte die Frage nach der eigenen Berufung eine gemeinschaftliche Frage sein. Eine Frage, die nicht nach dem Ertrag, dem Erfolg, dem Gewinn strebt, sondern nach einem gelingenden Leben in den Beziehungen unseres Lebens. Berufung ist kein Selbstzweck, sondern Berufung kommt aus einer Gemeinschaft und wird auch wieder einer Gemeinschaft zugeführt. Dabei meine ich, dass wir uns auf der einen Seite gegenseitig unterstützen, unsere Berufungen zu finden, und auf der anderen Seite kommt es einer Gemeinschaft zugute, wenn die Einzelnen wissen, wozu sie berufen sind. Dies stärkt Gemeinschaft und Gemeinde.

Gemeinschaft und Berufung

Wo bin ich mit meiner Vorstellung von Berufung zu sehr bei mir selbst?

Welche Person in meiner Gemeinschaft könnte ich in ihrer Berufung ermutigen?

Wie könnte dies ganz praktisch aussehen (Karte schreiben, anrufen, Kaffee trinken, Begabungen aufzählen etc.)?

2.2 Berufung: Großes Wort – große Wirkung?

Unsere Berufung umfasst viel mehr als unsere Karriere, unseren Beruf oder unsere Beschäftigung. Unsere einmalige Berufung wird sich aus den Gaben und Fähigkeiten gründen und aus unseren tiefen Wünschen wachsen. Sie wird auch immer eine Antwort auf die Nöte der Welt beinhalten. GORDON T. SMITH

Berufung ist ein großes Wort, vielleicht sogar manchmal inflationär und zu schnell gebraucht. Und in jedem Kontext hat es eine andere Bedeutung. Bevor wir uns dem Verständnis von Berufung in unserer Zeit nähern, möchte ich einen kurzen Blick auf die Geschichte werfen, um zu zeigen, wie sich das Thema Berufung durch die Jahrtausende immer wieder verändert hat. Schon in der Bibel finden wir im Alten Testament unzählige Berufungsgeschichten. Auffallend dabei ist, dass jede Berufungsgeschichte einzigartig und einmalig ist. Warum? Weil jede Person auch einmalig und einzigartig ist! Oft werden Menschen aus ihrem Alltag, ihrem Beruf, ja sogar ihren Familien herausgerufen, um Gott ganz als Propheten, Priester oder Prediger zu dienen. Oftmals war das Ausüben der Berufung mit Entbehrungen und Leid verbunden; Berufung hatte kein gutes Image im Alten Testament. Ja, viele der Berufenen haben sich dagegen gewehrt (Mose, Jesaja oder Amos) oder sogar vor Zorn über ihr schwieriges Leben den Tag ihrer Geburt verflucht (Jeremia). Ein Berufener Gottes zu sein, war nicht einfach. Im Neuen Testament war die Lage etwas anders, aber immer noch sehr herausfordernd. Jesus hat seine Jünger in seine Nachfolge berufen und sie haben alles stehen und liegen gelassen, um ihm nachzufolgen. Paulus hatte eine Gottesbegegnung, die sein ganzes Leben veränderte. Durch die Geschichte hindurch gibt es Tausende von Beispielen von unterschiedlichen Berufungsgeschichten, die immer in ihrer Zeit eingebettet sind. Dazu später aber mehr. Bis ins 19. Jahrhundert hatte Berufung auch oftmals etwas mit dem Beruf zu tun. Menschen wurden ganzheitlich in den Dienst Gottes gerufen und wurden Mönch, Nonne, Pfarrer, Missionar etc. Herausgerufen in ein neues und ganz anderes Leben mit Gott. Mitte und Ende des 20. Jahrhunderts (besonders in den 1970er- und 1990er-Jahren) war Berufung oftmals ein „Mittel", um das eigene Leben zu perfektionieren. „Berufung will das Beste für dein Leben" war ein Satz, den man in christlichen und nichtchristlichen Umfeldern oftmals hören konnte. Inzwischen hat sich das Verständnis von Berufung verändert. Sie wird als Suche nach Sicherheit in einer zunehmend unsicheren Welt verstanden, besonders von Jugendlichen und jungen Erwachsenen, ganz nach dem Silbermond-Klassiker: „Gib mir ein kleines bisschen Sicherheit in einer Welt, in der nichts sicher scheint".

Eine ausführliche Darstellung des Berufungsverständnisses durch die Geschichte hindurch findet sich bei

Os Guiness in seinem Buch *Von Gott berufen – aber zu was?* auf den Seiten 40ff.

und bei

Paul Ch. Donders und Peter Essler: *Berufung als Lebensstil. Aufbrechen in ein wertvolles Leben.* Vier-Türme-Verlag.

2.3 Was unter Berufung zu verstehen ist

Eine Berufung ist etwas, das Sie entdecken, und nicht etwas, für das Sie sich entscheiden können.   JOHN ORTBERG

Wir haben bisher schon gesehen, dass das Thema Berufung sich in vielen Spannungsfeldern bewegt und nicht einfach in ein oder zwei Sätzen zu beschreiben ist. Wir bringen unsere eigene Geschichte mit. Wir leben in einer bestimmten Zeit. Wir befinden uns in einer bestimmten Situation oder in einem bestimmten Lebensabschnitt. Wir glauben an bestimmte Dinge, keiner lebt voraussetzungsfrei, auch wenn uns alle ähnliche Grundfragen des Lebens beschäftigen. Die eigene Berufung passt deshalb meist zur eigenen Lebensgeschichte und hat mit der eigenen Biografie, Persönlichkeit, Gaben, Erfahrungen etc. zu tun. Ich habe weiter oben davon berichtet, wie ich den Beruf des Schornsteinfegers aufgab und ein Theologiestudium aufnahm und dies ganz viel mit meiner Berufung zu tun hatte. Auf den ersten Blick scheint dies eine große Wende in meinem Leben gewesen zu sein. Wenn man aber genauer hinschaut, dann merkt man, dass meine Entscheidung, Theologie zu studieren, viel mit dem eben Beschriebenen zu tun hat und dass gleich mehrere der eben beschriebenen Spannungsfelder in meiner Geschichte deutlich werden. Meine Eltern glauben an Gott und mein Vater ist Dozent für Theologie; ich bin mit den Besuchen in einer Kirche aufgewachsen und so war das Theologiestudium nichts völlig Neues. Entwicklungspsychologisch war ich in der Adoleszenzphase, als ich die Schule verließ, um Schornsteinfeger zu werden, auch wenn viele damals in meinem Umfeld erwarteten, dass ich Theologie studieren würde. Für mich war es wichtig, dass ich meinen eigenen Weg ging, mich von dem Glauben meiner Eltern und meines Umfeldes ein Stück emanzipierte. Ich arbeitete aber weiter in der Kirche mit

(Arbeit mit Kindern und Jugendlichen) und beschäftigte mich so auch mit der Frage, was Gott mit meinem Leben will. Was meine Berufung wäre? Bei der Arbeit mit Kindern und Jugendlichen kristallisierte sich schnell heraus, dass ich andere gut anleiten konnte und es mir nicht schwerfiel, vor einer Gruppe von Menschen frei zu sprechen. Und so wurde ich in den jeweiligen Gruppen schnell zum Leiter. Ich hatte Spaß an dieser ehrenamtlichen Arbeit und investierte neben meiner Schornsteinfegerlehre viel Zeit da hinein. Trotzdem war es für mich lange unvorstellbar, meinen Beruf aufzugeben und mich in Richtung Theologie zu bewegen. Der Frage nach meiner Berufung bin ich ständig ausgewichen und habe versucht mir einzureden, dass ich als Schornsteinfeger auch glücklich werden könnte. Dies ist an sich auch richtig, doch für mich war es nicht so, aber das war in dieser Zeit für mich schwer zu akzeptieren. Im Rückblick scheint dies alles viel klarer und die einzelnen Teile meiner Biografie passen scheinbar perfekt zusammen. Damals war es ein echter Kampf und ich bin heute sehr dankbar, dass mich immer wieder Menschen um mich herum angesprochen haben, mal ganz vorsichtig, mal deutlicher, bis ich bereit war, darüber ernsthaft nachzudenken. Am Ende des zweijährigen Prozesses gab es zwei Tage des Fastens und Betens, an denen ich noch einmal besonders auf Gott hören wollte und prüfen, ob es tatsächlich „mein Weg" war, dem Schornsteinfegerhandwerk den Rücken zu kehren. Am Ende der zwei Tage entschied ich mich dazu, Schornsteinfeger zu bleiben.

An den darauffolgenden Tagen hatte ich keine ruhige Minute mehr. Obwohl eine Entscheidung getroffen war, hatte ich eine große Unruhe in mir. Ein paar Tage später entschied ich mich doch, den Beruf zu wechseln, und bekam den so oft zitierten „Frieden in mir". Jetzt wusste ich, dass ich richtig entschieden hatte. Und diese Entscheidung habe ich bis heute nicht bereut.

Aus dieser Zeit habe ich viel gelernt. Zum einen, dass eine Berufung oftmals ein Prozess ist, der etwas mit Beziehungen zu tun hat. Und zum anderen, dass es gut ist, Entscheidungen zu treffen (auch wenn sie sich später als falsch herausstellen) und dass die Sache mit der „inneren Stimme" wichtig ist, aber gar nicht so einfach.

Ein Spannungsfeld beim Thema Berufung ist die Frage, ob es einen bestimmten Zeitpunkt für eine Berufung gibt, den man genau bestimmen kann, oder ob Berufung ein längerer Prozess ist. Bei einer punktuellen Berufung ist dies oft ein besonderer emotionaler Moment oder ein bestimmtes Ereignis, durch das einem die eigene Berufung klar wird. In der Bibel wird dieser Zeitpunkt *kairos* genannt und beschreibt ein bestimmtes Handeln Gottes. Darauf werden wir später noch zu sprechen kommen. Viele Menschen wünschen sich so etwas, am besten noch mit einem sichtbaren und klaren Zeichen verbunden (die oft zitierte „Schrift am Himmel"). Ich glaube, dass es das auch tatsächlich gibt, aber die Gefahr dabei besteht darin, dass man vor lauter Warten auf die perfekte Berufung seine eigentliche Berufung verpasst. Diese zeigt sich meist prozesshaft und hat, wie schon angedeutet, oft Bezüge zum eigenen Leben. Natürlich kann auch beides zusammenfallen. In einem Berufungsprozess gibt es einen bestimmten Punkt, an dem einem plötzlich klar wird, was die eigene Berufung ist. So in etwa war es bei mir.

Eine weitere Spannung liegt zwischen der allgemeinen, lebenslangen Berufung und der zeitlich begrenzten Berufung. Erstere kennen wir von Priestern oder Ordensschwestern, die ihre Berufung mit einem lebenslangen Gelübde verbinden und zum Beispiel in eine Kommunität oder einen Orden eintreten. Andere erleben eine Berufung für eine bestimmte Zeit und/oder Aufgabe. Aber auch hier kann beides zusammenfallen. Ich z. B. habe meine Berufung in den hauptamtlichen Dienst damals vor allem für die Arbeit mit jungen Menschen bekommen. Aber dieser Dienst ist zeitlich zumindest bis zur Rente beschränkt und die Arbeit mit jungen Menschen veränderte sich in den letzten Jahren sehr stark. War ich die ersten 20 Jahre nach meiner Berufung direkt und aktiv in der Jugendarbeit tätig, so habe ich in den letzten Jahren mein Betätigungsfeld verändert. Heute bilde ich als Dozent für Jugendarbeit die nächste Generation von Jugendleitern aus und versuche, meine Erfahrung und mein Wissen weiterzugeben. Meine Berufung hat sich nicht verändert, wohl aber die Art und Weise, wie ich sie praktiziere.

Einige persönliche Erkenntnisse aus meiner eigenen Berufungsgeschichte fließen methodisch und inhaltlich aufgearbeitet auch in dieses Buch ein, weil ich gemerkt habe, dass, egal wie individuell jede Berufung ist, es doch einzelne Merkmale gibt, die sich bei vielen Menschen ähneln.

Eigene Spannungsfelder identifizieren

Welche der beschriebenen fünf Spannungsfelder lassen sich in der Berufungsgeschichte des Autors (Seite 57ff.) identifizieren?

In welchem dieser Spannungsfelder befindest du dich gerade?

Was ist jetzt aber eine Berufung?

Damit Berufung nicht nur durch eine subjektive Geschichte festgelegt wird, möchte ich nun unterschiedliche Definitionen zitieren, die insgesamt ein erstes gutes Bild vom Begriff „Berufung" geben.

Der dänische Philosoph Sören Kierkegaard schreibt in seinem Tagebuch zum Themenkomplex Berufung Folgendes:

„Es geht im Wesentlichen darum, dass ich mich selbst verstehe, dass ich sehe, was Gott wirklich will, dass ich es tue; es geht darum, eine Wahrheit zu finden, die für mich gilt, die Vorstellung zu finden, für die ich leben und sterben kann."

Der im 17. Jahrhundert lebende französische Mathematiker und Physiker Blaise Pascal schreibt dazu:

„Die Berufung durch Gott ist der Schlüssel, mit dem eine Leidenschaft für das tiefgreifende Wachstum und das höchste Heldentum im Leben eines Menschen entfacht werden kann."

Der amerikanische Autor und Sprecher Os Guinness hat in seinem Buch über Berufung folgende Definition erarbeitet:

„Berufung ist die Gewissheit, dass Gott uns so bestimmt zu sich ruft, dass alles, was wir sind, alles, was wir tun, und alles, was wir haben, hingebungsvoll und dynamisch als unsere Antwort auf seinen Aufruf und Dienst angesehen werden kann."

2. Der Weg zur eigenen Berufung

Der ehemalige tschechische Präsident Vaclav Havel äußert sich zum Thema Berufung wie folgt:

„Der Begriff Ruf oder Berufung ist für einen jeden von uns lebenswichtig, weil er an unsere heutige Suche nach Identität und an ein Verständnis von Menschlichkeit selbst rührt."

Die Autorin Birgit Schilling schreibt in ihrem Buch *Berufung finden und leben* Folgendes:

„Die Berufung, die Gott mir schenkt, entspringt vor allem daraus, wer ich als Person bin und was ich in meinem Leben erlebt habe."

Der amerikanische Pastor John Ortberg meint zum Thema Berufung:

„Eine Berufung ist etwas, das Sie entdecken, und nicht etwas, für das Sie sich entscheiden können."

Der Theologieprofessor Gordon T. Smith wird etwas detaillierter bei seiner Beschreibung von Berufung:

„Unsere einmalige Berufung umfasst viel mehr als unsere Karriere, unseren Beruf oder unsere Beschäftigung. Unsere einmalige Berufung wird sich aus den Gaben und Fähigkeiten gründen und aus unseren tiefen Wünschen wachsen. Sie wird auch immer eine Antwort auf die Nöte der Welt beinhalten."

Wir sehen, dass es unglaublich viele unterschiedliche Verständnisse von Berufung gibt. Sicherlich könnte man die Zitate oben noch ergänzen, aber jetzt ist es an der Zeit, dass du deine erste Vorstellung von Berufung konkretisierst und aufschreibst.

 Mein Verständnis von Berufung

2. Der Weg zur eigenen Berufung

Meine Berufungsgeschichte:
Wie ich meinen Ausbildungsplatz gefunden habe und was das mit meiner Berufung zu tun hat.

ELINOR HARTMANN

Nach meinem Abitur wusste ich erst einmal nicht, was ich studieren sollte. Ich hatte viele Ideen – aber alle erschienen mir nur als vage Optionen. Mir schien die Welt offen zu stehen – sehr offen – und so ging ich erst einmal für ein freiwilliges Jahr nach Spanien. Dort hatte ich zunächst eine „Schonfrist" im Entscheidungswahnsinn und konnte die freie Zeit genießen, um Beziehungen zu knüpfen und zu vertiefen, mal mehr in der Bibel zu lesen und so fern von der Familie festzustellen, was mich eigentlich noch so ausmacht.

Während der Zeit merkte ich, dass ich sehr gerne mit Menschen arbeite. „Wäre Soziale Arbeit vielleicht etwas für mich?" – „Oder doch lieber Theologie?" – Immerhin machte es mir viel Spaß, die morgendlichen Andachten für unsere Gruppe von Freiwilligen vorzubereiten. Ich überlegte viel hin und her, konnte mich aber nicht entscheiden.

Eine Freundin erzählte mir dann vom Marburger Bildungs- und Studienzentrum (mbs), wo ihre Schwester eine Ausbildung zur Gemeindepädagogin machte: eine Verbindung zwischen Pädagogik und Theologie. Das klang interessant! Ich schaute mir die Homepages verschiedener Ausbildungsstätten für Gemeindepädagogik sowie die Unterrichtsinhalte an. Könnte das etwas für mich sein? Nach anfänglicher Skepsis begeisterte mich der Gedanke einer solchen Doppelausbildung am mbs zunehmend und ich bewarb mich dort. In der Bewerbung musste ich formulieren und im Gespräch darüber berichten, was meine Motivation sei, warum ich dorthin gehen wollte. Ich weiß noch, dass ich erzählte, ich würde später gerne mit jungen Frauen arbeiten, vielleicht in einem Mutter-Kind-Haus. In einer christlichen Einrichtung, wo nicht nur „christlich" dran steht, sondern wo das auch zu spüren sei. Der Gedanke an eine solche Arbeit machte mich glücklich, ich spürte eine Leidenschaft dafür.

Letztendlich wurde ich dann am mbs angenommen und ich verließ meine große Heimatstadt Berlin, um in das überschaubare, schöne Marburg zu ziehen. Das war für mich eine große Entscheidung, ein Meilenstein. Der Anfang fiel mir zunächst schwer: Immer wieder fragte ich mich, ob das die richtige Entscheidung war. Doch ich liebte schnell das mbs mit seiner Gemeinschaft und den Unterrichtsinhalten. Mich interessierte alles so sehr, dass ich zu einer kleinen Workaholic mutierte! Vor allem als ich mich dazu entschloss, noch zusätzlich den Bachelor in Sozialer Arbeit im Plusprogramm des mbs zu machen. Mich forderte die Ausbildung extrem heraus, ob es nun das Zeitmanagement betraf oder persönliche Reflexionen. War die eine „Krise" überwunden („Wie ist eigentlich Gott und was erwartet er von mir? Erwartet er überhaupt etwas oder darf ich einfach sein?"), wartete nicht lange darauf schon die nächste („Wie sieht das eigentlich mit meiner Familiengeschichte aus? Wer bin ich?"). Gespräche mit Freunden und meiner Mentorin halfen mir, den Blick wieder nach vorne zu richten und mich nicht in tausend Kleinigkeiten zu verlieren. Zeiten des Gebets, der Stille, des Bibellesens ließen mich aufatmen und Kraft schöpfen. Und Gott erinnerte mich daran, dass es da eine Aufgabe gibt, in die er mich hineinführt.

Im Laufe der Ausbildung kam ich mit Themen in Berührung, die mein Herz mehr ansprachen als andere. Vor allem im letzten Jahr der Ausbildung verdichtete sich meine Vorstellung davon, was ich denn konkret mit meinen Abschlüssen anfangen will.

2. Der Weg zur eigenen Berufung

Wenn ich auf die Zeit zurückblicke, dann finde ich es lustig, dass meine anfängliche Motivation ans mbs zu kommen – die ich zeitweise hinterfragte, die unterging und die ich manchmal ganz aus dem Blick verlor – jetzt wie ein „neuer" Gedanke auftauchte! Heute bin ich mehr denn je davon überzeugt, dass es richtig war, diesen Weg weiterzugehen. Nun schaue ich, was als Nächstes dran ist. Ich habe eine Vorstellung von meiner Berufung, einer Mischung zwischen „Identitätsarbeit" mit (jungen) Frauen und einer Lehrtätigkeit. Doch wie das konkret aussieht, kann ich noch nicht sagen – es fühlt sich manchmal an wie ein „Haschen nach Wind". Irgendwie unmöglich – und doch steckt solch eine Energie darin und ist so eine Freude dabei, während man im Handumdrehen eine beachtliche Wegstrecke zurücklegt.

Ich bin gespannt, welche Herausforderungen anstehen, die mich vielleicht zweifeln lassen und doch auch weiterbringen werden. Welche Menschen mich wohl begleiten werden? Und ich bin froh, dass alle Anstrengungen für mich einen Sinn ergeben, weil ich mich von Gott geführt sehe.

Elinor Hartmann studiert am mbs bibelseminar und lebt zurzeit in den Niederlanden.

3. Sicher in unsicheren Zeiten: Warum es heute so wichtig ist, seine Berufung zu finden.

Atemlos gelangweilt von der Spaßkultur und Erlebnisgesellschaft, wenden sich die Menschen zunehmend der Sinnfrage des Lebens zu. Die Zukunft wird zunehmend der Sinnorientierung gehören – realisiert in der Formel: Von der Flucht in die Sinne zur Suche nach Sinn. Die Sinnorientierung wird zur wichtigsten Ressource der Zukunft und zu einer großen Herausforderung der Wirtschaft werden.

HORST W. OPASCHOWSKI

Gib mir ein kleines bisschen Sicherheit in einer Welt, in der nichts sicher scheint.

SILBERMOND

In einer sich gravierend verändernden Welt ist es nicht verwunderlich, dass sich auch das Berufungsverständnis verschiebt. Von diesen Veränderungen sind wir ganz praktisch betroffen, wissen also um sie, und doch sind die Auswirkungen oftmals größer, als wir es auf den ersten Blick für möglich halten. Da ich diese Veränderungsprozesse für wesentlich halte, sollen sie auf den nächsten Seiten ausführlicher beschrieben werden. Denn ich glaube, dass sie ein zentraler Grund dafür sind, warum das Thema Berufung in den letzten Jahren wesentlich an Bedeutung gewonnen hat.

3.1 Veränderte Zeit, verändertes Leben, veränderte Berufung?

Das Risiko zu leben wird größer – und das von der Arbeitswelt bis hinein in das Familienleben. ANTHONY GIDDENS

Egal wie wir die Zeit, in der wir gerade leben, nennen, in einem sind sich viele Expertinnen und Experten einig: Wir leben in großen gesellschaftlichen Umbrüchen, die das ganze Leben betreffen, von der Arbeit über die Familie bis hin zu unserem Glauben. Der Wissenschaftstheoretiker Thomas Kuhn hat dies sehr plausibel beschrieben, indem er von sogenannten Paradigmenwechseln in der Geschichte gesprochen hat. Diese Paradigmenwechsel sind wie ein großer Wirbelsturm, der über die Erde fegt, und maßgeblich und nachhaltig das Denken, Leben und Verstehen von uns Menschen verändert. Anhand bedeutender Stationen der Geschichte beschreibt Kuhn seinen zentralen Begriff des Paradigmas. Alle unsere Lebensbereiche sind von den großen Veränderungsprozessen, in denen wir aktuell stehen, betroffen: Seien es globale Transformationen im ökonomischen Bereich (Wirtschafts- und Finanzkrise), im gesellschaftlichen Bereich (Postsäkularisierung), im Bildungsbereich (Bolognaprozess), im religiösen Bereich (Pluralismus), seien es die lokalen Prozesse wie die Heimat- und Identitätssuche (Entwurzelung), seien es die Krisen in Kirchen und Gemeinden (stagnierende oder rückläufige Mitgliederzahlen), die zunehmende Armut (besonders Kinderarmut) und die wachsende Verunsicherung im alltäglichen Lebensvollzug (Optionsgesellschaft).

Werfen wir einen Blick auf die Veränderungen im letzten Jahrhundert, so ist festzustellen, dass sich die so genannte ‚Body Work', also das Arbeiten mit den Händen (Industrie, Handwerk etc.)

von über 70 % auf unter 25 % gesenkt hat. Heutzutage spricht man deshalb von ‚Knowledge Work', in der es um das Nutzen und Verarbeiten von Wissen geht.[1]

Wir müssen bedenken, dass es vor gut 20 Jahren kein Internet gab, und auch den Begriff der Globalisierung kannten die wenigsten. Wenn man von Familie gesprochen hat, war klar, dass es um Vater, Mutter und zwei oder mehr Kinder ging, und die meisten glaubten in irgendeiner Form an Gott. All dies hat sich verändert. Heute ist das Internet via Smartphone unser ständiger Begleiter geworden. Es gibt ganz unterschiedliche Familienformen, die vor dem Gesetz zunehmend gleichgestellt sind, und wenn es um Gott geht, dann steht dieses Wort eher für eine Chiffre der eigenen Vorstellungen. Diese haben aber meist nichts mehr mit dem christlichen Bild, das die Bibel zeichnet, zu tun. Die Frage, vor der wir also gerade stehen, ist: Befinden wir uns gerade in einem Paradigmenwechsel? In einem großen Sturm der Veränderung? Ich denke, dass man diese Frage mit gutem Gewissen bejahen kann.

Die Folgen des Sturms sind auf alle Fälle gravierend, und was sich in einem ganz einfachen Bild zeigt: Der Sturm hat unsere Lebenslandschaft verändert. Die Brücken, die wir uns über manche Problemflüsse des Lebens gebaut haben, führen nicht mehr ans Ziel:

---

[1] Vgl. Matthias Horx: *Die acht Sphären der Zukunft. Ein Wegweiser in die Kultur des 21. Jahrhunderts.* Signum Business.

3. Sicher in unseren Zeiten

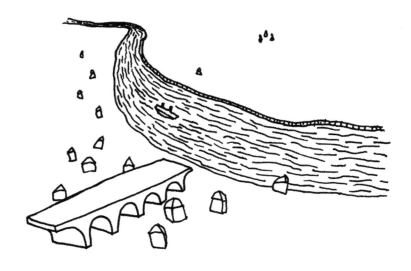

Wir haben uns zwar Brücken über die wichtigen Fragen und Probleme des Lebens gebaut. Aber jetzt, nach dem Sturm, hat unser Lebensfluss seinen Lauf verändert. Die alten Brücken stehen zwar noch, geben uns aber keine Antworten mehr auf die Fragen und Probleme, die wir inzwischen haben. Unsere Antworten passen nicht mehr zu den Fragen, die sich uns stellen. Wenn ich die Folgen des Sturms und die deplatzierte Brücke skizzieren sollte, würde ich beispielsweise folgende Themen aufgreifen:

3. Sicher in unseren Zeiten

- *Fragmentierte Gesellschaft – Die Suche nach Gemeinschaft:* In einer individualisierten Gesellschaft suchen immer mehr Menschen nach Gemeinschaft, aber diese zu finden ist nicht so einfach, da uns individualisierten Wesen die Gemeinschaft zunehmend schwerfällt.

- *Fragmentiertes Leben – Die Suche nach den großen Momenten:* Fernsehformate wie „DSDS", „GNTM" oder „Schlag den Raab" wollen helfen, den einen großen Moment im Leben zu erleben. Einmal raus aus dem grauen Alltag, egal wie und egal was, Hauptsache einmal im Leben berühmt, schön und reich sein. So unbedeutend mein Leben auch ist, einmal, und wenn auch nur für kurze Zeit, tauche ich aus der eigenen Bedeutungslosigkeit auf.

- *Kritik schlägt um in Hyperkritik:* Es entsteht eine neue partizipatorische Bewegung von mündigen Bürgern. Sie wollen sich nicht mehr alles gefallen lassen, sei es Stuttgart 21, Occupy oder G8. Partizipation und Teilhabe sind die neuen „Zauberwörter", dabei ist das Maß der Kritik oft schwer einzuschätzen, sodass manche Bürger auch schnell zu Wutbürgern werden können.

- *Die neuen Medien und ihre Auswirkungen:* Unterschiedliche Netzwerke (facebook, twitter, blogs etc.), die Verbreitung von Wissen über das Internet (wikipedia etc.), web 3.0 (in dem ich selbst zum Handelnden werde), Datenspeicherung (clouds etc.) und vieles mehr ist für die einen ein Horrorszenarium und für die anderen, die neue Generation Jugendlicher als „digital natives", die neue Heimat.

3. Sicher in unseren Zeiten

Alles in allem erleben wir gerade soziologisch-kulturelle Umbrüche von solch großer Tragweite, dass wir sie noch gar nicht richtig abschätzen können. Dies verunsichert viele Menschen, sodass sie ihren grundsätzlichen Lebensentwurf infrage stellen. Und so steigt die Sehnsucht nach Sicherheit proportional zu der wachsenden Unsicherheit des Lebens. Dadurch gewinnt das Thema Berufung eine neue Bedeutung. Denn man versteht Berufung als etwas, das in zunehmend unsicheren Zeiten Sicherheit gibt. Nach einer vertiefenden Übung möchte ich auf dieses Thema noch einmal eingehen.

Sicherheit und Berufung

In welchen Bereichen meines Lebens erlebe ich gerade Unsicherheiten?

Welche Bedeutung messe ich meiner eigenen Berufung zu? Wo kann sie mir eine Hilfe sein?

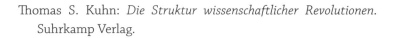

Thomas S. Kuhn: *Die Struktur wissenschaftlicher Revolutionen.* Suhrkamp Verlag.

Tobias Faix und Thomas Weißenborn: *ZeitGeist 1 & 2.* Verlag der Francke-Buchhandlung GmbH.

3.2 Der Mut zu einem fokussierten Leben

Die Gegenwart ist die einzige Zeit, die uns wirklich gehört.

BLAISE PASCAL

Das Leben ist zu kurz, um in allem die perfekte Sicherheit zu haben. So möchte ich es manchmal jungen Leuten zurufen, die ich als Dozent oder Mentor täglich erlebe. Viele haben eine große Sehnsucht nach Sicherheit, Heimat und Zugehörigkeit. In einer Optionsgesellschaft, in der viele am Überfluss und an Entscheidungsarmut leiden, suchen sie ihren Platz im Leben. Deshalb ist es keine Überraschung, dass die Themen „Mentoring" und „Berufung" in den letzten Jahren eine vermehrte Bedeutung gewonnen haben.

In unserer Optionsgesellschaft bedeutet Stillstand oftmals Rückschritt und wir werden ständig zu Entscheidungen gezwungen. Aber genau das macht vielen (jungen) Leuten sehr zu schaffen. Entscheide ich mich für eine Möglichkeit, entscheide ich mich automatisch gegen hundert andere! Das führt zu Stillstand, und die Zeitung „Die Welt" nannte die jungen Leute schon etwas spöttisch „Generation maybe" – ich kann mich nicht entscheiden. Die Angst, etwas zu verpassen, lähmt so manchen und wird zum Lebensmotto vieler.

Aber dies wäre jetzt ein sehr einseitiger und negativer Blick auf die neue „Generation maybe". Denn diese jungen Leute können mehr, als sie sich selbst manchmal zutrauen, und sie bringen viele Kompetenzen mit, die man gerade in dieser unsicheren Zeit zum Leben braucht. Diese Generation kann beispielsweise vernetzt denken und kennt sich spielend im Internet aus. Tanja und Johnny Haeusler, Grimmepreisträger und Begründer der „re:publica-Konferenz" in Berlin, bringen dies mit ihrem Aufruf

„Applaus für diese Jugend!" gut zum Ausdruck. Hier ein kurzer Auszug:

> Die Generation der digital Aufwachsenden
> ist die erste Generation,
> die vielleicht unbewusst,
> aber völlig selbständig
> die Zeichen der Zeit erkennt
> und die Zügel in die Hand nimmt.
> Die sich selbst ausbildet.
> Freiwillig.
> In ihrer Freizeit.
> Ohne die Hilfe und sogar gegen den Widerstand derer,
> die sie auf ihr zukünftiges Leben vorbereiten sollen.
> Die sagen:
> Dieser Generation fehlt die Tugend.
> Wir sagen:
> Applaus für diese Jugend!

In der Lebenssituation vieler Jugendlicher spielt beides eine Rolle, das selbstbewusste Wissen sowohl um die eigenen Fähigkeiten als auch um die Herauforderungen, die die Lebensphase und die gesellschaftlichen Veränderungen umfassen. Um die eigene Berufung zu wissen hilft dabei, sein Leben zu fokussieren, es auszurichten und dann auch Entscheidungen zu treffen und festzumachen. Das eigene Potenzial zu erkennen und einzusetzen bedeutet dreierlei:

1. Ich kann nicht alles, und ich muss nicht alles können – auch andere sollen etwas vom Leben haben.

2. Verantwortung für das eigene Leben übernehmen – denn es ist mein Leben!
3. Entscheidungen für das eigene Leben treffen – da einen manchmal sogar falsche Entscheidungen weiter voranbringen, als gar nicht zu entscheiden.

Berufung und Verantwortung

In welchen Bereichen meines Lebens möchte ich mehr Verantwortung übernehmen und eigene Entscheidungen treffen?

Wo hilft mir meine Berufung, mein Leben zu fokussieren?

Wo brauche ich noch Hilfestellung?

3.3 Mentoring – Nachahmung – Berufung

Berufung erinnert Christen unablässig daran, dass ein Christ noch lange nicht am Ziel angekommen ist, sondern jemand ist, der in seinem Leben immer auf dem Weg ist als Nachfolger Christi.

OS GUINESS

In all dem eben Beschriebenen ist es nicht verwunderlich, dass viele Menschen sich für ihr Leben zweierlei wünschen: Vorbilder und einen sicheren Raum, in dem sie sich ausprobieren können. Deshalb ist es nur folgerichtig, dass in den letzten Jahren das Thema Mentoring immer wichtiger geworden ist, sei es in der Politik, der Wirtschaft, der Ausbildung / dem Studium oder der Kirche. Mentoringprozesse vereinen den Wunsch nach Vorbildern und bieten einen sicheren Schutzraum, in dem eigene Entscheidungen reflektiert werden können. Deshalb soll nun auf Mentoring kurz eingegangen werden.

Lernen durch Vorbilder. Dringend gesucht!

Mentor zu sein bedeutet auch Vorbild zu sein. Dessen war sich schon der Apostel Paulus bewusst und hat dies auch mehrfach betont. Die bekannteste Stelle dazu fndet sich sicherlich im 1. Korintherbrief: „Folgt meinem Beispiel, wie ich dem Beispiel Christi!" (11,1). Das Entscheidende ist, nicht nur Vorbild zu sein, sondern auch selbst ein Vorbild zu haben. Paulus orientiert sich an Christus und die Korinther sollen sich an Paulus orientieren. Dabei geht es, wie am Anfang beschrieben, nicht um Perfektion, sondern um Beziehung! Trotzdem fällt es vielen Menschen heute schwer, sich selbst als Vorbild zu sehen, zumindest geht es mir so. Ich glaube aber, dass es vor allem darum geht, im ganz normalen Alltagsleben ein Vorbild zu *sein* und nicht nur darüber zu *reden*. Die Korinther, neu im Glauben, brauchen Anschauungsunterricht in Sachen Glauben. Den finden sie in der Person des Paulus, der ihnen ein Vorbild ist. Er ist für sie da, lebt ihnen vor, was Glaube heißt. Auch über eine große Entfernung ist er für sie da, ermutigt und kritisiert sie. Das kann er aber nur tun, weil es eine Beziehung zwischen ihm und den Korinthern gibt. Es herrscht ein Vertrauensverhältnis, auf das er aufbauen kann. Heute werden Vorbilder zum Anfassen gesucht, nicht jemand, der alle Antworten weiß oder ein perfektes Leben führt, sondern Menschen, die bereit sind, das eigene Leben mit anderen zu teilen.

Mentoring: Raum der Sicherheit

Um eigene Entscheidungen treffen zu lernen, suchen viele Menschen einen Raum der Sicherheit, in dem sie sich ausprobieren können. Die Beziehung zu einem Mentor kann solch einen Raum der Sicherheit darstellen und folgendermaßen verstanden werden:

Mentoring ist eine freiwillige und persönliche Eins-zu-Eins-Beziehung, die sich je nach beteiligten Personen entwickelt. Jede Mentorenbeziehung ist unterschiedlich und kann verschiedene Teilaspekte abdecken. Dabei legen der Mentor und sein Mentee die Schwerpunkte ihrer Beziehung gemeinsam fest. Inhaltlich spielen dabei vier zentrale Punkte eine Rolle:

1. Das Vertrauenselement: Vertrauen muss zwischen den Beteiligten wachsen, Vertrauen muss man investieren, man muss sich langsam öffnen und den anderen kennenlernen, es entsteht eine Atmosphäre der Freiheit.

2. Das Betreuungselement: Da ist jemand, der mich fördern möchte, der mich annimmt, so wie ich bin; ich kann mich ihm anvertrauen, ich kann mit allen Fragen zu ihm kommen.
3. Das Vermittlungselement: Der Mentor kann dem Mentee helfen sich weiterzuentwickeln, er kann Potenzial freisetzen, geistliche Entwicklungen beeinflussen, Wissen vermitteln, auf die Situation des Mentees eingehen. Mentoring heißt immer auch Wachstum in den unterschiedlichsten Bereichen.
4. Das zeitliche Element: Eine intensive Mentoringbeziehung braucht Zeit sich zu entwickeln und sich einzuspielen. Wer diese Zeit nicht investieren möchte, wird auch keinen „Erfolg" haben.

In einer Mentoringbeziehung begleitet der Mentor / die Mentorin den Mentee bei seinen Entscheidungen und gibt ihm dadurch Sicherheit. Wie wichtig und wie groß der Wunsch danach ist, zeigt auch das Ergebnis der dranStudie 19plus in Bezug auf geistliches Wachstum. Auf die Frage „Welches Angebot würdest du am liebsten wahrnehmen für dein geistliches Wachstum?" verteilten sich die Antworten wie folgt:[2]

Mentoring	42,4 %
Zweierschaft	26,2 %
PartnerIn	24,5 %
Kreative Gruppen	18,2 %
Beziehungen zu Älteren	15,2 %
Hauskreis	15,0 %
Konferenzen	10,1 %

---

[2] Mehrfachantworten möglich / Best Three (Stichprobe: 2825 Personen zwischen 19 und 29 Jahren) © Institut empirica: dranStudie 19plus, 2010.

Das Ergebnis überrascht und spiegelt die Sehnsucht vieler junger Menschen wider. Da ihnen scheinbar die Beziehung zu einem Mentor so wichtig ist, soll im Folgenden noch einmal zusammengefasst werden, wie sich dadurch der eigene Glaube entwickeln kann.

Geistliches Wachstum durch Nachahmung

Gelebter Glaube spricht lauter als theoretisches Wissen. Nachahmung ist dabei ein einfaches, fast unsichtbares Prinzip, das bei der Kindererziehung als selbstverständlich angesehen wird, dem aber im geistlichen Leben viel zu wenig Beachtung geschenkt wird. Es findet natürlich (im wahrsten Sinne des Wortes) statt, aber oftmals unreflektiert und auch ungewollt. Als das neunte Wort unserer Tochter „Scheiße" war, haben meine Frau und ich unseren Wortschatz ganz schnell umgestellt. Nicht, dass wir ihr dieses Wort beigebracht hätten, nein, sie hat es sich einfach abgeschaut. Dasselbe erleben wir auch im Glauben.

In einer Mentoringbeziehung mit einem jungen Mann, der frisch zum Glauben gefunden hatte, ist mir das sehr deutlich geworden. Wir trafen uns regelmäßig einmal die Woche und lasen das Johannesevangelium, redeten darüber, setzten Dinge gemeinsam um und beteten zusammen. Nach ein paar Wochen sprach er mich etwas unsicher an und fragte mich, warum man vor dem Gebet die Brille abnahm und sich mit der Hand übers Gesicht fuhr. Er mache dies ja gerne mit, das stehe außer Frage, aber er wolle einfach mal nach dem Hintergrund dieser Tradition fragen. Ich blickte ihn voller Erstaunen und Verwunderung an und brauchte ein paar Minuten, um zu begreifen, dass er sich mein unbewusstes „Gebetsritual" abgeschaut und einfach übernommen hatte.

Nachahmung ist ein kraftvolles Prinzip, das, wenn es reflektiert und in einen guten Rahmen gesetzt wird, den Glauben fördern kann. In diesem Schutzraum des Mentoring kann sich der eigene Glaube langsam entwickeln, können Fragen gestellt, Zweifel zugegeben und miteinander Wegstrecken zurückgelegt werden. Es geht dabei nicht um eine möglichst hohe Effektivität, sondern um eine natürliche Entwicklung und eine Reife im Glauben. Man kann zwar versuchen, einer Frucht beim Wachsen zuzusehen, aber man wird keinen schnellen Fortschritt erkennen. Und doch wächst die Frucht und wird jeden Tag etwas reifer. Mentoring ist nichts für den schnellen Erfolg, sondern ermöglicht eher eine nachhaltige Veränderung. Um diese Veränderungen zu erwirken, sollen die eigenen vorhandenen Ressourcen neu entdeckt und eingesetzt werden.

Mentoring

Welcher Bereich in meinem Leben soll gefördert (gefordert) werden?

Welche Themen sind dabei wichtig? Wo ist eine besondere Aufmerksamkeit notwendig?

Wie kann Förderung bzw. Gefordert-werden praktisch im Alltag umgesetzt werden? Wo könnte mein Mentor / meine Mentorin (oder eine ähnliche Begleitung) für mich ein „Raum der Sicherheit" sein?

Tobias Faix und Anke Wiedekind: *Mentoring. Das Praxisbuch.* Neukirchener Verlag.

4. Warum Berufung mit der eigenen Identität zu tun hat

An der Wurzel von allem liegt der Akt, durch den ich mich selbst annehme. Ich soll damit einverstanden sein, der zu sein, der ich bin. Einverstanden, die Eigenschaften zu haben, die ich habe. Einverstanden, in den Grenzen zu stehen, die mir gezogen sind.

ROMANO GUARDINI

Wer bin ich – und wenn ja wie viele. RICHARD DAVID PRECHT

Die Frage nach der Identität ist breit angelegt und vielfältig aufgearbeitet und man kann Doktorarbeiten mit ihr füllen. Da Identität und Berufung eng miteinander zusammenhängen, spielt die Frage nach der Identität für das Finden der eigenen Berufung natürlich eine große Rolle. Dies möchte ich in drei Punkten erarbeiten: Zuerst werde ich ein grobes Verständnis von dem, was ich unter Identität verstehe, entfalten, danach die Frage nach dem familiären Erbe stellen (Wo komme ich her?) und zum Schluss darüber nachdenken, wie sich Identität und Berufung im Laufe eines Lebens verändern.

Identität – eine kleine Reise ins eigene Ich

Die Frage der Identität ist komplex und beschäftigt sich mit der grundsätzlichen Frage, wer ich eigentlich bin und aus was sich das eigene Ich zusammensetzt. Der Psychologe Hilarion Gottfried Petzold hat in seinen fünf Säulen der Identität einen guten und leicht verständlichen Überblick über das, was wir heute unter Identität verstehen, gegeben.

Fünf Säulen der Identität:
1. Leib / Leiblichkeit (körperliche und psychische Integrität, Sexualität, Selbstliebe, Sinne, Genussfähigkeit)
2. Soziales Netzwerk / soziale Bezüge (Partnerschaft, Familie, soziale Beziehungen, Freundschaften)
3. Arbeit und Leistung (Kontrolle über die eigenen Lebensbedingungen, Selbstbestimmung, Autonomie)
4. Materielle Sicherheit (allgemeine soziale Absicherung, Arbeitsplatz, Wohnung, finanzielle Sicherheit)
5. Werte und Glaube (Lebensziele, Wünsche, Sinn des Lebens, Glaubenspraxis, Moral, Erziehung)

Diese fünf Ebenen hängen alle untrennbar miteinander zusammen und bilden ein Ganzes, die Identität eines Menschen. Jede dieser einzelnen Ebenen könnte man nun noch genauer beschreiben, aber für einen ersten Überblick soll dies genügen. Viel spannender ist die Frage, wie sich diese Ebenen beim einzelnen Menschen zeigen und sich in ihm widerspiegeln.

Im folgenden Tagebuch sollen diese fünf Bereiche aufgenommen werden und durch kurze Fragen oder angefangene Sätze (die dann zu beenden sind) auf das eigene Leben angewendet werden.

Die fünf Säulen der Identität

(Es geht darum, die Sätze zu vervollständigen oder die Fragen zu beantworten.)

1. Mein Körper ist für mich ...
Ich bin stolz darauf, ...
Meine sportlichen Fähigkeiten, Hobbys sind ...
Sexualität bedeutet für mich ...

2. Soziales Netzwerk
Meine Familie ist für mich ...
Meine besten Freunde sind ...
Zu Hause fühle ich mich eigentlich ...
Sogar Fremde merken, dass meine wichtigsten Beziehungen ... sind.

3. Arbeit und Leistung
Zu meiner Arbeit fällt mir ein ...
Meine beste Leistung war ...
Anerkennung für meine Leistungen / Arbeit erhalte ich oft / selten von ...
Meine Arbeit macht mich ...

4. Materielle Sicherheit
Meine materiellen Sicherheiten bestehen aus ...
An meiner Wohnung ist mir wichtig, dass ...
Wenn ich meinen Lebensstil beschreiben müsste, würde ich das so tun: ...

5. Werte und Glaube
Mein Leben findet Sinn und Halt in …
Wenn es eng wird, finde ich hier … Zuflucht.
Meine wichtigsten Werte sind …
Ich glaube an …
Gott spielt in meinem Alltag die Rolle des …

Reflexion der Übung:

Welche Sätze sind dir schwergefallen? Warum?

Versuche die fünf Bereiche für dein Leben in eine Rangfolge zu bringen. Welcher ist dir am wichtigsten und warum?

Was folgerst du daraus für deine Berufung?

4.1 Die eigene Identität entdecken: Wo komme ich her?

Das eigene Wesen völlig zur Entfaltung zu bringen, das ist unsere Bestimmung. OSCAR WILDE

Die Frage der familiären Herkunft spielt für die eigene Identität eine große Rolle und zeigt auf, wer wir sind und wo wir herkommen. Die folgende kleine Übung gehört sicherlich zu den „Klassikern" der Identitätsfindung und gibt schon wesentliche Aufschlüsse über das eigene Leben und die Herkunftsfamilie. Diese Übung ist auf den ersten Blick sehr einfach, aber davon sollte man sich nicht täuschen lassen. Gerade die Übung zur Herkunftsfamilie ist oftmals emotional belastet. Dabei können die „beteiligten Personen" auch befragt werden. Oftmals kommt es allerdings vor, dass man diese gar nicht kannte oder sie bereits gestorben sind. In dem Fall schreibt man einfach auf, was man über sie gehört hat. Wenn man alle Felder ausgefüllt hat, gibt es eine zweite Phase, in der man die „eigene Linien" in der Persönlichkeit und den Fähigkeiten zu finden versucht. Zum Beispiel die Linie der „Musikalität" (Opa hat Gitarre gespielt, Mutter Flöte und ich spiele Geige) oder des Handwerks (Großvater war Schreiner, Vater ist Schreiner und ich arbeite auch gerne mit Holz). Diese „Linien" sind oftmals sehr interessant und die gesamte Übung bringt viel zum Vorschein, was in den nächsten Kapiteln vertieft werden kann. Zuletzt geht man die eigene Herkunftsfamilie durch und fragt, welche Berufung die einzelnen Personen für ihr Leben hatten. Manchmal ist es auch leichter, nach dem Lebensmotto zu fragen. Auf der zweiten Seite unten rechts ist ein freies Feld, in dem auch noch prägende Personen ergänzt werden können. Personen, zu denen man aus unterschiedlichen Gründen keinen Kontakt hat, können durch nahestehende andere Personen ersetzt werden oder ganz weggelassen werden.

4. Warum Berufung mit der eigenen Identität zu tun hat

 Wo komme ich her?

Fähigkeiten väterlicherseits

Großvater
Fähigkeiten

Großmutter
Fähigkeiten

Persönlichkeitsmerkmale

Persönlichkeitsmerkmale

Vater
Fähigkeiten

4. Warum Berufung mit der eigenen Identität zu tun hat

Persönlichkeitsmerkmale

Fähigkeiten mütterlicherseits
Großvater *Großmutter*
Fähigkeiten Fähigkeiten

Persönlichkeitsmerkmale   Persönlichkeitsmerkmale

Mutter
Fähigkeiten

4. Warum Berufung mit der eigenen Identität zu tun hat

Persönlichkeitsmerkmale

 Ein Wink aus der Vergangenheit

Um der eigenen Berufung auf die Spur zu kommen, ist es hilfreich, noch einen Augenblick in der Vergangenheit zu verweilen, allerdings bei uns selbst. Vieles, was wir können und schon positiv erlebt haben, vergessen wir wieder, und es ist gut, sich daran wieder zu erinnern. Deshalb sollten die folgenden Fragen beantwortet werden:

1. Gab es Zeiten, in denen du besonders kreativ warst? In denen du Hobbys / einer Beschäftigung nachgegangen bist und du alles um dich herum vergessen hast? Was und wann war das?

2. Gab es Zeiten, in denen du mit etwas besonders verbunden warst, auch als es schwierig wurde? Was war es?

3. Gab es Zeiten, in denen du etwas getan hast und du genau gewusst hast: „Das ist richtig"? Und eigentlich wolltest du damit nicht aufhören, egal, was andere Menschen um dich herum gesagt haben.

Lebensphasen

4.2 Der Prozess der Berufung in verschiedenen Lebensphasen

Wer bin ich? Einsames Fragen treibt mit mir Spott. Wer ich auch bin, Du kennst mich, Dein bin ich, o Gott. DIETRICH BONHOEFFER

Der katholische Theologe Romano Guardini (1885–1968) hat das menschliche Leben in verschiedene Phasen eingeteilt. Jede Lebensphase hat ihre eigenen Chancen, Aufgaben und Krisen zu bewältigen und es ist gut zu wissen, dass bestimmte Krisen zum Leben dazugehören, sodass man sich darauf vorbereiten kann. Auch im Bezug auf die Glaubens- und Persönlichkeitsentwicklung bringt jede Lebensphase bestimmte inhaltliche Auseinandersetzungen mit sich. Dies hat auch immer direkte Auswirkungen auf die Frage nach der eigenen Berufung, da sich bestimmte Lebensfragen deutlich in den Vordergrund stellen. Es soll darum gehen, die unterschiedlichen Lebensphasen nach Guardini im Blick auf die eigene Berufung zu skizzieren. Dabei entsteht für jede Lebensphase eine Art Typologie (Systematisierung) des aktuellen Glaubenslebens, die durchaus nicht vollständig ist und der Individualität des menschlichen Lebens natürlich nicht gerecht wird, aber doch ein paar Erfahrungen und Beobachtungen beschreibt, die mit unserem Thema zu tun haben.

1. Die Idealistenphase

Der junge Mensch (ca. 16–29) steht in der Blüte seiner Kraft und entwickelt gerade seine geistigen und kreativen Fähigkeiten. Das Gefühl, dass das Leben mit all seinen Möglichkeiten vor ihm liegt, gibt ihm Kraft – alles Neue ist attraktiv und er hat Zeit zur Gestaltung. Traditionen und bewährte Formen finden eine eher geringe Wertschätzung. Die Leichtigkeit der Jugend, Dinge zu tun, die später schwer zu wiederholen sind, ist ein Kennzeichen dieser Phase. Dazu gehört auch die Sehnsucht nach einer „radikalen Hingabe." Der junge Mensch investiert Zeit in Beziehungen und Mitarbeit. Aber auch die Angst vor falschen Entscheidungen kann aufkommen – wo doch vieles möglich erscheint – und dann stößt er auf Grenzen: Die eigenen Visionen des Lebens müssen erst langsam der Wirklichkeit angepasst werden. Mitten in dieser Ambivalenz wird die Frage nach der eigenen Berufung oft überhöht wahrgenommen und ihr zu viel Gewicht beigemessen. Oftmals geht es eher um einen Mythos der Berufung, der plötzlich erscheint und Gottes klaren Weg aufzeigt. Dazu gehören auch die Reibungspunkte innerhalb der eigenen Familie (im Loslösungsprozess), der Peergroup und der eigenen Familiengründung. Kennzeichnend für diese Phase ist auch der Erneuerungswille und die Kritik an bisher erlebten Frömmigkeitsstilen und Traditionen.

In dieser Phase fühlen Jugendliche und junge Erwachsene eine große Ambivalenz in der eigenen Identitätsentwicklung und in den gesellschaftlichen Herausforderungen, durch die sie täglich geprägt werden. Der folgende Text soll dies etwas veranschaulichen:

4. Warum Berufung mit der eigenen Identität zu tun hat

Jugendliche sind öffentlich präsent und doch nicht greifbar.
Jugendliche sind vernetzt und doch beziehungsunfähig.
Jugendliche sind optimistisch und doch verhalten.
Jugendliche wollen Spaß und lieben die Moral.
Jugendliche denken an sich und wissen um Teamarbeit.
Jugendliche sind politisch interessiert, aber nicht engagiert.
Jugendliche glauben light und suchen schwer.
Jugendliche leben grenzenlos und suchen Regeln.
Jugendliche sind sexy auch ohne Sex.
Jugendliche wollen Freiheit und suchen Familie.
Jugendliche lieben Optionen und leiden an ihnen.
Jugendliche wissen viel und müssen immer besser werden.
Jugendliche sind jung und haben mit 25 die Krise.
Jugendliche lieben Öko und essen bei McDonalds.
Jugendliche haben ein komplexes Leben und handeln pragmatisch.
Jugendliche glauben an Gott und kennen ihn nicht.

Jugendliche sind auf der Suche nach Sicherheit, Vertrauen und Geborgenheit. Sie befinden sich in einer Entwicklungsphase, die durch die gegenwärtigen gesellschaftlichen Verunsicherungen noch verstärkt wird.

- **Angst:** Die Berufung Gottes zu verpassen.
- **Hoffnung:** Dass Gott durch die Berufung eine neue Sicherheit für das eigene Leben gibt.
- **Typische Fragen:** Was muss ich tun, um meine Berufung zu finden? Wer bin ich überhaupt und was mache ich in dieser Welt? Wo ist mein Platz?

2. Die Identitätsphase

Der familiäre Mensch (ca. 29 – 45) tritt in eine neue Phase der Identität ein. Durch Partnerschaft, Familie und das Arbeitsleben ändert sich der Lebensrhythmus und die Verantwortung gegenüber anderen wächst. Man definiert sich über das, was man tut: Ich bin das, was ich leiste. Viele junge Familien kommen aber während der Kleinkindphase der eigenen Kinder an den Rand ihrer Kraft. Sie suchen dann ganz neu ihren Platz im Leben. Die eigenen Ressourcen verändern sich und müssen neu eingeteilt werden. Zentrale Punkte sind, den Lebensrhythmus neu auszuprobieren, zu reflektieren und von den Erfahrungen der Älteren zu profitieren. Oftmals erleben viele, wie sie ihre Berufung ausleben können, und erzielen dabei große „Erfolge". Gleichzeitig wird es oftmals herausfordernd, Familie und Berufung miteinander zu vereinen. Dazu kommt die Entwicklung der eigenen Frömmigkeit. Verschiedene Frömmigkeitsstile werden ausprobiert und neue Erfahrungen werden gemacht. Im Folgenden will ich einen kurzen persönlichen Ausschnitt eines Tages mit meinen beiden Töchtern schildern, der das Typische dieser Phase gut beschreibt.

Die Mutter ist auf einer Fortbildung. 6:10h – aufstehen, Frühstück und Schulbrot herrichten, Kinder für die Schule fertig machen. Dann aufräumen, Gebet, Unterricht, Sitzung, Sitzung, Mittagessen zubereiten. Das erste Kind kommt heulend von der Schule, ist gestürzt und muss verarztet werden. Das zweite Kind kommt von der Schule.

4. Warum Berufung mit der eigenen Identität zu tun hat

Bei den Hausaufgaben begleiten (Kind 1 braucht allein für Deutsch 90 Minuten), die Stimmung ist mies. Englisch lernen mit dem einen Kind, da morgen eine Englischarbeit ansteht – die Stimmung wird schlechter. Französisch lernen mit dem zweiten Kind, da morgen eine Französischarbeit ansteht. Vater kann kein Französisch, die Stimmung wird noch schlechter. Kurz weg: Sitzung. Zurück, Englisch mit dem einem Kind wiederholen, die Stimmung hellt sich auf. Zehn Mails beantworten, anderes Kind zum Orchester fahren, das Nötigste einkaufen. Nach Hause zum ersten Kind: Englischvokabeln wiederholen (Kind kann sich divorced nicht merken und meint dazu trocken: „Warum muss ich das wissen, ihr lasst euch doch sowieso nicht scheiden!" Vater lässt sich davon überzeugen und schmeißt die Vokabel raus). Erfolgserlebnisse zu verzeichnen, die Stimmung steigt. Abendessen richten, Kind vom Orchester abholen, Abendessen. Kinder helfen freiwillig und ohne Aufforderung beim Abräumen, Vater fragt ungläubig, ob alles o.k. sei. Kind 1 merkt an: „Wenn die Mama nicht da ist, muss man dir schon ein bisschen helfen!" Die Stimmung ist blendend. Vater macht den Fehler, die gute Stimmung auszunutzen, und fordert die Kinder freundlich auf, ihr Zimmer aufzuräumen. Die Stimmung sinkt schlagartig. Vater „zwingt" die Kinder, ihr Zimmer aufzuräumen, ein Kind überlegt, das Jugendamt zu rufen. Kind räumt (unter Protest) auf und verzichtet auf den Anruf. Schulsachen richten, Kinder werden ins Bett gebracht (singen, beten, rauszögern). Vater setzt sich aufs Sofa und „schnauft erst mal durch". Kinder rufen aus dem Kinderzimmer, Vater ruft zurück. Die Kinder vermissen die Mama, der Vater auch. Unterricht vorbereiten für den nächsten Tag, die Mutter ruft an, Vater erwähnt, dass sie vermisst wird, letzte Mails beantworten. 22.10h: fertig für heute – in jedem Sinne.

Nicht alle Tage sind so, und bei uns gibt es zum Glück eine Ehefrau und Mutter, wodurch die Arbeit sich auf zwei Schultern verteilt. Aber viele Familien in dieser Phase erleben es als eine große Herausforderung, Familie und Berufung zusammen zu leben. Dies wird auch im 7. Kapitel noch einmal thematisiert werden.

- **Angst:** Komme ich bei all den Anforderungen nicht zu kurz?
- **Hoffnung:** Aus den bisherigen Erfahrungen zu lernen und einen festen Resonanzboden für die eigene Berufung zu finden.
- **Typische Fragen:** Wie lässt sich die eigene Spiritualität besser in den Alltag von Arbeit und Familie integrieren? Wie stehen meine Berufung und meine Familie zueinander? Hält meine Berufung auch den alltäglichen Herausforderungen stand?

3. Die Reifungsphase

Der mündige Mensch (ca. 45–65) ist in der Phase der Charakterbildung und dem Aufbau des eigenen Lebenswerkes. Er findet seinen Platz und hat die Fähigkeit, das Leben anzupacken. Genau daraus resultieren aber auch die Krisen dieser Phase: Ich bin nicht das, was ich *arbeite*, sondern das, was ich *bin*! Ernüchterung und Selbstzweifel können auftreten, wenn auf das bisher Geleistete geschaut wird. Verschiedene Frömmigkeitsstile wurden bereits ausprobiert und vieles verliert mit wachsender Erfahrung an Reiz und Kraft. Dinge fangen an, sich zu wiederholen – zugleich aber nimmt die Lust ab, sich immer wieder auf Neues einzulassen. Beruflich gesehen hat man in dieser Phase meist eine gewisse Position gefunden, die man ausfüllt. Die Kinder haben die Kleinkindphase hinter sich und es geht in der Familie darum, das „Nest" zu vervollständigen: ein Haus kaufen, eventuell einen Zweitwagen anschaffen und sich mal einen richtigen Familienurlaub

4. Warum Berufung mit der eigenen Identität zu tun hat

gönnen. Geistlich gesehen ist man in dieser Phase oftmals auf der Suche nach der zweiten Naivität des Glaubens (Paul Ricœur). Die bisherigen Erfahrungen des Lebens und aufkommende Zweifel lassen einen vieles Bisherige hinterfragen – auch die eigene Mitarbeit in der Gemeinde. Warum macht man dies und jenes eigentlich? Warum fällt Glauben plötzlich so schwer? Wo ist die Leichtigkeit und Naivität der Jugend? Man sehnt sich nach einem kindlichen Glauben, ohne dass es kindisch wird. Der Franziskanerpater Richard Rohr beschreibt diese Zeit als geistliche Wüstenphase – man muss noch einmal durch die Wüste, sonst kann man nicht in die nächste Phase des reifen Menschen. Ein typisches Beispiel aus dem Kontext der Gemeinde wäre beispielsweise: Wenn sich Dinge verändern (der Musikstil, der Ablauf des Gottesdienstes, Strukturen etc.), dann sehen Menschen in dieser Phase dies leicht als einen Angriff auf das eigene Leben oder auf den eigenen Frömmigkeitsstil. Dies gilt auch für die eigene Berufung. Man stellt sich die Frage: Kann sich meine Berufung teilweise oder noch mal ganz verändern? Was hilft es mir, meine aktuelle Situation zu reflektieren, den eigenen Frömmigkeitsstil zu finden und eine innere Sicherheit für das eigene Leben zu bekommen?

Die Berliner Religionswissenschaftlerin Esther Maria Magnis hat ein interessantes autobiografisches Buch mit dem provozierenden Titel *Gott braucht dich nicht. Eine Bekehrung* geschrieben. Nach dem Vorabdruck in „Die Zeit" und einigen euphorischen Rezensionen habe ich mich am Anfang etwas schwer damit getan, der Geschichte von Esther Maria Magnis begeistert zu folgen. Eine junge Frau erzählt rückblickend von ihrer Kindheit und Jugend, die stark von ihrem katholischen Elternhaus geprägt wurde. In dieser religiösen Auseinandersetzung des Erwachsenwerdens gibt es zwei schwere Schicksalsschläge: Ihr Vater stirbt und später auch ihr Bruder. Zwischen den biografischen Berichten finden sich in dem Buch zunehmend religiöse Auseinandersetzungen mit ihrem geprägten Gottesbild. Diese Auseinandersetzungen begeisterten mich zusehends und geben dem Buch, dank Magnis' kraftvoller und erdiger Sprache, eine große Dynamik und Tiefe. Das Ganze erinnert ein wenig an die Auseinandersetzung mit und die Suche nach der „zweiten Naivität", wie der französische Philosoph Paul Ricoeur es genannt hat (damals als Reaktion auf Bultmann). Mit zunehmender intellektueller Infragestellung geprägter Bilder und Rituale und mit den konfrontierten Wirklichkeitserlebnissen kommt der eigene „Kinderglaube" ins Wanken (und fällt): Glauben – Krise – Kritik – und die spirituelle Suche beginnt. Magnis' Auseinandersetzung damit ist schonungslos, kraftvoll und ehrlich.

„Aber ich glaube eben nicht daran, dass Gott bloß ein abstrakter, unsichtbarer, ätherischer Gedanke ist, eine nackte, bodenlos wabernde Wahrheit, die, wenn überhaupt, nur mit dem Geist eines Menschen zaghafte Berührungen eingeht, die sich nur für die reine Vernunft interessiert. Für das Klare, Saubere. Daran glaube ich nicht. Denn ich komme aus keinem unschuldigen Land. Ich bin nicht mit einem sauberen Kaiserschnitt in die Welt geholt worden, sondern auf diese ziemlich gestörte, natürliche Art mit Tränen, Schweiß und Blut, und ich habe als Kind den Mohn auf den Feldern meiner Heimat nicht nur betrachtet, ich habe nach ihm gegriffen, ihn zwischen Hand und Lenkrad gequetscht und versucht, ihn zu

besitzen. Und die Schweine, die hier geschlachtet wurden, habe ich gegessen. Meine Gebete waren nie ein Geflüster von Wind zu Wind, von meinem reinen Seelchen zu seiner reinen Klarheit. Meine Gebete waren randvoll mit Erde, mit Freude und Achselschweiß und Leid und Stuss und Langeweile. Ich glaube nicht an den göttlichen Funken in mir, der glitzernd aus der dunklen Welt heraus zum großen Licht hinbetet und dahin befreit werden will und sich wünscht, endlich erlöst zu sein von allem, was berührt werden kann. Ich gehöre zur berührbaren Wirklichkeit. Und dass durch die Wirklichkeit ein Riss geht, dass die Wirklichkeit dieser Welt auch ganz schön geschrottet und pervers ist, das kann ich nicht ändern. Auch nicht, indem ich mich von ihr distanziere. Ich gehöre dazu. Und mit dieser Einsicht endete mein Alleingang im Glauben. Denn ich verstand, dass mein Spatzenhirn nicht ausreiche, um Gott ganz neu und klar und reinzudenken und eine vollkommen saubere neue Glaubensweise zu entwickeln."[3]

In dieser Phase geraten sicher geglaubte Berufungen oftmals ins Wanken, Berufliches und Familiäres nimmt ungewollt und manchmal sogar unbemerkt die Überhand. Das realistische Leben hat einen fest im Griff und viele fragen sich, ob sie an ihrer Berufung und ihrem Glauben festhalten können und wie dies in ihrem Alltagsleben aussieht.

- **Angst:** Was ist, wenn ich mich getäuscht habe? Wenn meine Berufung geistlich überhöht und idealistisch war?
- **Hoffnung:** Dass der eigene Glaube und die eigene Berufung mit dem Leben reifen und stabiler werden. Es wurden schon

---

3 Text aus Esther Maria Magnis: *Gott braucht dich nicht. Eine Bekehrung*, Seite 202ff.

viele, auch herausfordernde Erfahrungen gemacht und die bisherige Berufung hat gehalten, sie wird auch durch diese schwere Phase führen.

- **Typische Fragen:** Was ist von meiner ursprünglichen Berufung übrig geblieben? Verbringe ich meine Zeit sinnvoll? Was sind eigentlich meine Prioritäten?

4. Die Loslassphase

Der reife Mensch (ab 65) sollte in seiner Charakterentfaltung weit vorangekommen und bereit sein, mit seinen eigenen Grenzen zu leben und seine Lebenserfahrung in Familie und Gemeinde positiv einzubringen. Die Erwartung, alles zu können und Glaube endlich richtig zu verstehen und zu leben, sollte nun überwunden sein – so entsteht Raum zum Durchatmen: Man darf auch mal nicht an vorderster Front stehen, man kann Gelassenheit einbringen und muss nicht einen bestimmten Raum einnehmen. Die Identität drückt sich aus in dem Satz: „Ich kann auch etwas nicht tun." Die Krise liegt oftmals darin, dass dies manchmal nicht gelingt. Gordon MacDonald hat diese Phase treffend beschrieben, indem er sagte, dass vieles zum letzten Mal gemacht wird, was den Erfahrungen einen existenziellen Charakter gibt. Dieses Loslassen (Familie, Beruf, Gemeinde) stellt oft eine große Herausforderung dar. Und doch bleibt das Ziel: gelassen zu sein, andere dabei zu erleben und zu begleiten, wie sie den freien Raum, den man hinterlässt, einnehmen.

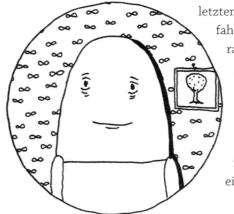

In den letzten Jahren hat diese Phase eine neue Entwicklung genommen, denn für viele Menschen stellt sich für die letzte Lebensphase die Frage nach der Berufung noch einmal ganz neu. Man ist gesund und fit und möchte noch etwas für das Reich Gottes tun. Was in der Bibel ganz normal war (z. B. bei Abraham und Sara, Mose, Hanna oder Simeon), wird inzwischen auch in der Gesellschaft, Politik und Gemeinde zunehmend entdeckt. So ist z. B. der Bundesfreiwilligendienst nicht auf junge Leute beschränkt, sondern auch eine Möglichkeit für Rentner, noch einmal etwas ganz anderes zu tun.

- **Angst:** Bin ich noch zu gebrauchen?
- **Hoffnung:** Ich habe noch mal Zeit und Kraft, meiner (neuen) Berufung nachzugehen.
- **Typische Fragen:** Wo kann ich mich noch einbringen? Gibt es noch einmal eine (neue) Berufung?

Menschen, die sich in dieser Phase befinden, sind eigentlich die perfekten Mentoren, da sie ihre Lebenserfahrung an die nächste Generation weitergeben können.

In welcher Phase befinde ich mich gerade?

Was sind meine Ängste?

Was sind meine Hoffnungen?

Was sind meine Fragen?

4. Warum Berufung mit der eigenen Identität zu tun hat

Tobias Faix: *Mentoring – Das Praxisbuch. Ganzheitliche Begleitung von Glaube und Leben.* Neukirchener Verlag.

Romano Guardini: *Die Lebensalter. Ihre ethische und pädagogische Bedeutung.* Topos Plus Verlag.

Esther Maria Magnis: *Gott braucht dich nicht. Eine Bekehrung.* Rowohlt Verlag.

Richard Foster: *Viele Quellen hat der Strom. Aus dem Reichtum der Glaubensgeschichte schöpfen.* R. Brockhaus Verlag.

Richard David Precht: *Wer bin ich – und wenn ja wie viele?* Goldmann Verlag.

Wer bin ich?

Zum Abschluss der Überlegungen möchte ich noch auf das bekannte Gedicht *Wer bin ich?* von Dietrich Bonhoeffer hinweisen, das eines der eindrucksvollsten und inhaltsdichtesten Gedichte ist, die ich kenne. Es fasst vieles, was wir auf den letzten Seiten bedacht haben, zusammen und fordert uns heraus, über die Wahrnehmung unserer Identität nicht nur nachzudenken, sondern sie zu gestalten und aktiv unsere Berufung zu leben.

Dietrich Bonhoeffer: Wer bin ich?

Wer bin ich? Sie sagen mir oft,
ich trete aus meiner Zelle
gelassen und heiter und fest
wie ein Gutsherr aus seinem Schloss.

Wer bin ich? Sie sagen mir oft,
ich spräche mit meinen Bewachern
frei und freundlich und klar,
als hätte ich zu gebieten.

Wer bin ich? Sie sagen mir auch,
ich trüge die Tage des Unglücks
gleichmütig, lächelnd und stolz,
wie einer, der siegen gewohnt ist.

Bin ich das wirklich, was andere von mir sagen?
Oder bin ich nur das, was ich selbst von mir weiß?
Unruhig, sehnsüchtig, krank, wie ein Vogel im Käfig,
ringend nach Lebensatem, als würgte mir einer die Kehle,

4. Warum Berufung mit der eigenen Identität zu tun hat

hungernd nach Farben, nach Blumen, nach Vogelstimmen,
dürstend nach guten Worten, nach menschlicher Nähe,
zitternd vor Zorn über Willkür und kleinlichste Kränkung,
umgetrieben vom Warten auf große Dinge,
ohnmächtig bangend um Freunde in endloser Ferne,
müde und leer zum Beten, zum Denken, zum Schaffen,
matt und bereit, von allem Abschied zu nehmen?

Wer bin ich? Der oder jener?

Bin ich denn heute dieser und morgen ein andrer?
Bin ich beides zugleich? Vor Menschen ein Heuchler
und vor mir selbst ein verächtlich wehleidiger Schwächling?
Oder gleicht, was in mir noch ist, dem geschlagenen Heer,
das in Unordnung weicht vor schon gewonnenem Sieg?

Wer bin ich? Einsames Fragen treibt mit mir Spott.
Wer ich auch bin, Du kennst mich,
Dein bin ich, o Gott.

Dieses Gedicht schrieb Dietrich Bonhoeffer im Militärgefängnis Berlin-Tegel und legte es am 8. Juli 1944 einem Brief an seinen Freund Eberhard Bethge bei. Im KZ Flossenbürg wurde er hingerichtet. „Dietrich Bonhoeffer wurde in der Morgendämmerung des 9. April 1945 zum Tod durch Erhängen geführt. Die zur Hinrichtung Bestimmten mussten sich völlig entkleiden und nackt zum Galgen gehen. Der Lagerarzt beobachtete die Szene und berichtete 1955 schriftlich darüber: Bonhoeffer, den er damals nicht gekannt habe, habe ruhig und gesammelt gewirkt, sich von allen Mithäftlingen verabschiedet, an der Richtstätte ein kurzes Gebet gesprochen, sei gefasst zum Galgen gegangen und in wenigen Sekunden gestorben. Bonhoeffers letzte Worte: ‚Das ist das Ende. Für mich der Beginn des Lebens.'"[4]

Dietrich Bonhoeffer: *Nachfolge*. Chr. Kaiser Verlag.

Dietrich Bonhoeffer. *Brautbriefe Zelle 92. Dietrich Bonhoeffer, Maria Wedemeyer 1943–1945*. C. H. Beck Verlag.

---

[4] Letzte Worte, 9. April 1945. Überliefert durch Payne Best an Bischof George Bell.

4. Warum Berufung mit der eigenen Identität zu tun hat

Wer bin ich?

Versuch einer Selbstbeschreibung (auch malen ist erlaubt! ☺)

4.3 Was mir Kraft gibt: Persönlichkeitsstärke und Berufung

Denn das Geheimnis des menschlichen Lebens ist es nicht, zu leben, sondern für etwas bestimmt zu sein.   F. M. DOSTOJEWSKI

Eng mit dem Thema Identität ist die Frage nach der eigenen Persönlichkeit verbunden. Wir nehmen hier komplexe Zusammenhänge auf, die für die Frage nach der Berufung vereinfacht dargestellt werden sollen.
Um die Persönlichkeit eines Menschen zu beschreiben, gibt es eine Reihe von Modellen. Die vielleicht bekannteste Einteilung ist die nach sogenannten Typen nach Eysenck: Melancholiker, Choleriker, Phlegmatiker und Sanguiniker. Im christlichen Bereich ist dieses Modell von Ole Hallesby (*Dein Typ ist gefragt*) aufgenommen worden. Weitere bekannte Modelle gehen auf Fritz Riemann (*Grundformen der Angst*), Richard Rohr (*Das Enneagramm*) oder Friedbert Gay und Hanno Herler (*DISG: Ich brauch dich und du brauchst mich*) zurück. Alle diese Studien wollen uns helfen, die eigene Persönlichkeit besser zu verstehen. Sie dienen nicht dazu, andere zu kategorisieren. Gerade da, wo Menschen sich auf die Suche nach ihrer Berufung machen, habe ich gute Erfahrungen mit diesen Studien gemacht, besonders mit DISG und dem Enneagramm. Ersteres ist etwas einfacher und leichter anzuwenden, praxisnah und gut zu verstehen, weil der Schwerpunkt auf den eigenen (veränderbaren) Verhaltensansätzen liegt. Es soll im Folgenden kurz vorgestellt werden.

4. Warum Berufung mit der eigenen Identität zu tun hat

Das DISG-Modell

Ein Persönlichkeitsprofil ist ein Instrument, um sich selbst und andere besser zu verstehen. Mit mehr Verständnis für den eigenen Stil lässt sich erkennen, unter welchen Voraussetzungen und in welcher Umgebung man beruflich, privat und gemeindlich das Beste erreicht. Ein Persönlichkeits-Profil ist keine „Prüfung". Es gibt kein „Falsch" oder „Richtig". Es gibt nur unterschiedliche Stile. Untersuchungen haben gezeigt: Wer sich selbst kennt und seine Verhaltensweisen einschätzen kann, lernt mit verschiedenen Situationen besser umzugehen. Ich will die Funktion und Einsatzmöglichkeiten des DISG-Persönlichkeitsprofils erklären. Es erscheint mir besonders geeignet, weil man es selbst auswerten kann und es eine christliche Version gibt, die konkret auf Belange von Christen und Gemeinden abgestimmt ist. Die DISG-Typologie beschreibt das Verhalten von Menschen, wie sie ihre Bedürfnisse erfüllen und wie sie unter Druck und unter normalen Bedingungen reagieren. Es geht darum, Tendenzen zu erkennen. Kein Mensch ist nur auf einen Typ zu reduzieren, wir sind immer auch Mischformen von bestimmten Typen. Darüber hinaus gibt es auch nicht nur den einen „dominanten" Typ, sondern die dominanten Züge des einen Menschen können in einem anderen „dominanten" Typ wieder ganz anders ausgeprägt sein. Trotzdem ist uns ein Modell eine Hilfe, und als solche wollen wir es auch verwenden.

4. Warum Berufung mit der eigenen Identität zu tun hat

Die vier Buchstaben D.I.S.G. stehen für die vier Grundausrichtungen:

D	„dominant & direkt"	(eher sachorientiert und stärker als die Umgebung/das Umfeld)
I	„initativ & interaktiv"	(eher beziehungsorientiert und stärker als die Umgebung/das Umfeld)
S	„stetig & unterstützend"	(eher beziehungsorientiert und schwächer als die Umgebung/das Umfeld)
G	„gewissenhaft & korrigierend"	(eher sachorientiert und schwächer als die Umgebung/das Umfeld)

Hieraus ergeben sich dann vier Quadranten. Die DISG-Selbstanalyse stellt nun fest, welche Anteile an jedem Quadranten die einzelne Persönlichkeitsstruktur besitzt.

Das spannende am DISG-Profil ist, dass es sich um Verhaltensweisen von uns Menschen handelt. Dies könnte also in unterschiedlichen Situationen unterschiedlich ausfallen und sich auch im Laufe der Jahre verändern. Natürlich gibt es gewisse Grundzüge, aber jeder kennt Situationen, in denen wir uns beispielsweise sehr sicher fühlen: In diesen werden wir uns anders verhalten als in unsicheren Situationen. Ich bin von meinem DISG-Profil eher initativ/dominant, was bedeutet, dass ich gerne mit Menschen zu tun habe, offensiv und kreativ an Situationen herangehe und die Probleme eher bei anderen suche als bei mir selbst. Als ich meinen DISG-Trainerschein machte, in einem großen Stuttgarter Hotel, saß ich zwischen der Ausbildungsleiterin von BMW und einer Professorin für Verhaltensforschung, die gerade über Körpersprache

4. Warum Berufung mit der eigenen Identität zu tun hat

forschte. Ich kam mir den gesamten ersten Tag ziemlich klein und deplaziert vor und sagte kaum ein Wort. Am Ende des Tages sollten wir unsere Sitznachbarn kurz nach dem DISG-Profil einordnen. Die beiden schätzten mich eher als stetig/gewissenhaft ein. Wie sollten sie auch anders, denn sie konnten nur mein Verhalten an diesem Tag beobachten. Aber genau das gefällt mir beim DISGProfil gut, es sagt nicht „So bist du für alle Ewigkeit!", sondern es beschreibt unser Verhalten in bestimmten Situationen. Die folgende Illustration soll die vier Grundverhaltensarten noch einmal etwas genauer beschreiben. Vielleicht findest du dich in den einzelnen Wörtern auch wieder. Eine kleine Übung ist, dass du dir eine Situation deines Lebens vorstellst – zum Beispiel: Arbeit, Schule, Familie, Freunde etc. – und dann markierst du die Wörter, die dich in dieser Situation am besten beschreiben. Meist gibt es dann schon ein/zwei Ausprägungen, die in eine gewisse Richtung gehen.

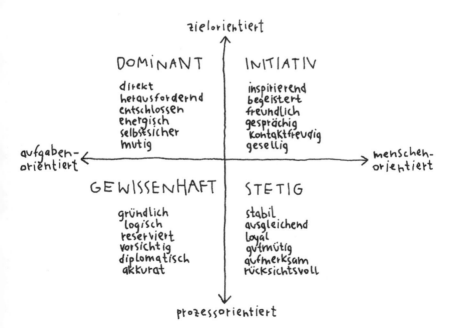

© persolog: Die 4 Grundtypen von DISG

4. Warum Berufung mit der eigenen Identität zu tun hat

Was gibt mir Kraft – was kostet mich Kraft?

Neben der Feststellung, dass es keine „reinen Persönlichkeitstypen" gibt, geht es gerade nicht darum, dass manche Typen bestimmte Dinge können und manche nicht, sondern dass manche Typen mehr bzw. weniger Kraft aufwenden müssen, um bestimmte Dinge zu tun. Zwei Beispiele sollen dies veranschaulichen:

Wenn es darum geht, vor einer großen Gruppe zu reden, fällt dies den mehr Gewissenhaften schwerer als den Dominanten. Nicht, dass sie es nicht können, aber es kostet sie Kraft und manchmal regelrecht Überwindung. Oft hört man dann von ihnen den Satz: „Ich brauche das nicht." Anders die Dominanten. Sie blühen geradezu auf, wenn sie die Chance erhalten, vor einer großen Gruppe reden zu können.

Die genaue Abrechnung von Belegen für eine Dienstreise fällt den Gewissenhaften nicht schwer. Sie sammeln alles ordentlich und heften die einzelnen Beleg genau ab. Der eher dominante Typ fühlt sich von solchen Aufgaben eher „belästigt". Natürlich kann auch er eine Abrechnung erstellen, aber es kostet ihn wesentlich mehr Kraft und es erfüllt ihn auch nicht.

Wie erhole ich mich?

Eine weitere Frage ist die, wie man sich erholt, spielen doch Erholungszeiten eine immer wichtiger werdende Rolle in unserem vollgepackten Leben.

Die eher Initiativen und Stetigen erholen sich oftmals, indem sie in ihrer Freizeit etwas mit anderen unternehmen, während Gewissenhafte und Dominante lieber Zeit für sich selbst haben wollen und zum Beispiel Lesen oder Fernsehschauen bevorzugen. Eher Dominante bevorzugen selbst in ihrer Freizeit den Wettbewerb, zum Beispiel beim Sport, während Stetige eher die Gesel-

4. Warum Berufung mit der eigenen Identität zu tun hat

ligkeit suchen. Initiative brauchen den Reiz des Neuen, während die eher Gewissenhaften genau darauf in ihrer Freizeit verzichten können.
Im Folgenden sollen die vier Grundtypologien kurz skizziert werden. Diese Beschreibung ersetzt keinen Persönlichkeitstest, sondern soll nur eine grobe Richtung angeben, die im Bezug auf die eigene Berufung schon wichtige Hinweise liefert. [5]

---

5 Vgl. auch Lothar Seiwert und Friedbert Gay: *Das neue 1x1 der Persönlichkeit*. Graefe und Unzer Verlag.

DOMINANT:

„D-Typen" versuchen ihre Bedürfnisse zu erfüllen, indem sie ihre Umgebung durch direkte, energische Handlungen kontrollieren. Durch schwierige oder konfliktgeladene Situationen fühlen sie sich positiv herausgefordert.

Ziel: Das Umfeld formen; Widerstand überwinden, um Ergebnisse zu erzielen.

Grundangst: Bezwungen zu werden.

Grundbedürfnis: Unabhängigkeit.

Motivation: Möglichkeiten, sich zu behaupten; sich mit anderen messen; zeigen, was sie können; sich Respekt verschaffen; sich durchsetzen; gefürchtet sein; ums Überleben kämpfen; erfolgreich sein.

Berufung: Berufung heißt für Dominante meist, etwas Großes zu tun. Sie möchten mit ihrer Berufung die Welt verändern und schrecken dabei auch vor großen Widerständen nicht zurück. Berufungen sind dazu da, möglichst effizient umgesetzt zu werden. Berufung heißt: Ich verändere etwas.

INITIATIV:

„I-Typen" versuchen ihre Bedürfnisse zu erfüllen, indem sie andere überzeugen, mit ihnen zusammenzuarbeiten, um Ergebnisse zu erreichen. Sie sind in einer freundlichen Umgebung am effektivsten.

Ziel: Das Umfeld formen; andere einbinden, um Ergebnisse zu erzielen.

Grundangst: Benachteiligt zu werden.

Grundbedürfnis: Akzeptiert zu werden.

Motivation: Möglichkeit, Spaß zu haben; die Gefühle anderer verstehen; mit Menschen umgehen; Angst unterdrücken, indem sie in Bewegung bleiben und Zeit und Mühe nicht aufrechnen.

4. Warum Berufung mit der eigenen Identität zu tun hat

Berufung: Berufung heißt für die Initiativen, etwas zu bewegen. Berufung ist stark in einen Prozess eingebunden. Ihre Stärke ist es, andere von ihrer Berufung zu begeistern, und sie können Leute mitziehen und beeinflussen. Ihre Schwäche ist es, vor lauter Ideen und Möglichkeiten sich der eigenen Berufung nicht sicher zu sein.

Berufung heißt: Ich habe Einfluss.

STETIG:

„S-Typen" versuchen ihre Bedürfnisse zu stillen, indem sie in stetiger, ausdauernder Weise mit anderen zusammenarbeiten. Sie fühlen sich vor allem in einer freundlichen und stabilen Umgebung wohl.

Ziel: Mit anderen zusammenarbeiten, um Ergebnisse zu erzielen.

Grundangst: Allein zu sein.

Grundbedürfnis: Sicherheit.

Motivation: Möglichkeit, die wahren Gefühle auszudrücken; ablehnen, was ihren Vorstellungen widerspricht; von anderen ernst genommen werden; Forderungen gegenüber anderen rechtfertigen.

Berufung: Berufung hängt oftmals mit dem eigenen emotionalen Befinden zusammen. Dies bedeutet, dass Zweifel an der eigenen Berufung dazugehören. Braucht deshalb viel Anerkennung und Bestätigung für die eigene Berufung. Die eigene Berufung muss überschaubar sein. Kann anderen gut helfen, ihre Berufung zu finden.

Berufung heißt: Ich werde gebraucht.

GEWISSENHAFT:

„G-Typen" arbeiten besonders gern daran, innerhalb eines bestehenden Systems Qualität und Pünktlichkeit zu erreichen. Ihren eigenen Maßstäben genügen sie auch in ungünstiger Umgebung.
Ziel: Mit anderen über mögliche Konsequenzen von Aktivitäten reden.
Grundangst: Kritisiert zu werden.
Grundbedürfnis: Dinge richtig machen.
Motivation: Möglichkeit, andere fair zu behandeln; die Welt verbessern; Fehler ausmerzen; die eigene Ansicht rechtfertigen; alles nach einer einheitlichen Vorstellung beurteilen; sich von bedrohlichen Dingen fernhalten.
Berufung: Die Gewissenhaften wägen ihre Berufung lange ab, ihnen reicht eine innere Sicherheit oftmals nicht aus; sie brauchen eine für sie „objektive" und nachvollziehbare Begründung. Dann aber halten sie an ihrer Berufung treu fest, egal, wie die äußeren Bedingungen sind.
Berufung heißt: Ich habe Sicherheit.

Persönlichkeit und Berufung

Lies dir die vier Persönlichkeitstypen durch und markiere das, was am meisten auf dich zutrifft. Meistens kristallisieren sich so zwei (manchmal auch drei) Typen heraus, die deine Persönlichkeitsstruktur umreißen.

Was sind deine Stärken?

Wie erholst du dich?

Was ist davon für deine Berufung wichtig?

Friedbert Gay: *Das persolog Persönlichkeits-Profil. Persönliche Stärke ist kein Zufall.* Mit Fragebogen zur Selbstauswertung. Gabal Verlag.

Lothar Seiwert und Friedbert Gay: *Das neue 1x1 der Persönlichkeit.* Graefe und Unzer Verlag.

4. Warum Berufung mit der eigenen Identität zu tun hat

Meine Berufungsgeschichte:
Wenn Gott zu deinem Herzen spricht   STEVE VOLKE

Wer so bleiben will, wie er ist, sollte vorsichtiger sein, als ich es war. Hatte ich doch in einem meiner Bücher mit dem Titel *Mehr vom Leben* folgende Sätze geschrieben: „Was heißt es eigentlich, mehr vom Leben zu haben? Für mich bedeutet es, jeden Tag offen zu sein für neue Gedanken, Wege, Menschen und neue Erkenntnisse. Eine Weiterentwicklung oder sogar das Einschlagen einer völlig neuen Richtung ist zu jedem Zeitpunkt meines Lebens möglich."

Offensichtlich hatte zumindest Gott mein Buch gelesen, denn ein halbes Jahr später hatte er mir etwas mitzuteilen. Bis dahin führte ich eine sehr gut gehende PR-Agentur und dachte nicht im Entferntesten an Veränderungen, als eines Tages ein folgenschwerer Anruf kam. Ein Engländer war am Apparat, der sich mit mir treffen wollte. Einige Tage später stellte er mir die Arbeit des christlichen Kinder-Hilfswerks „Compassion" (Mitgefühl) vor und fragte, was ich davon hielte, wenn sie in Deutschland einen Zweig eröffnen würden.

Meine Antwort war kurz und eindeutig: „Nichts!" Wir hatten bereits genug Hilfswerke und ich sah keine Notwendigkeit für ein weiteres. Aber Gott sah das offensichtlich anders. Meine Agentur bekam den Auftrag einer Marktanalyse. Viele Treffen und Gespräche folgten. Und schließlich war es so weit, dass die Entscheidung für die Eröffnung in Deutschland getroffen wurde. Und dann kam die Frage, die ein weiterer Baustein werden sollte: „Willst du der Leiter des deutschen Zweiges werden?"

Gott nimmt uns ernst, aber nicht immer

Meine Antwort war ebenso klar wie einfach: „Nein!" Und dann kam Gott ins Spiel und nahm mich bei meinem (Vor-)Wort. Natürlich beschäftigten mich die Anfrage und meine Antwort über einen längeren Zeitraum. Und natürlich kamen Zweifel, neue Aspekte, interessante Predigten und Anstöße, die auf einmal alle in dieselbe Richtung gingen.

Und da war dieser seltsame Freitag, an dem ich am Morgen in meiner Firma drei Anrufe von Freunden bekam, die nichts miteinander zu tun hatten. Einer aus meinem Wohnort, einer tief aus dem Süden und ein alter Autoren-Kollege und Freund aus Süd-England. Alle hatten eine seltsame Botschaft für mich, von der sie selbst nicht so genau wussten, warum gerade sie als Überbringer ausgewählt worden waren: „Steve, es scheinen Veränderungen in deinem Leben anzustehen und ich soll dir sagen: Du musst das tun!"

Wow! Der Knaller kam dann am späten Nachmittag, als meine Frau einen Anruf erhielt. Eine alte Freundin war am Apparat, die wir lange Zeit nicht gesprochen hatten. Sie stellte eigenartige Fragen: „Ist jemand krank bei euch?", „Wie geht's der Firma?", „Seid ihr pleite?", um nur einige davon zu nennen. „Nein, uns geht es gut, aber ist bei dir noch alles in Ordnung?", wollte meine Frau wissen. Unsere Freundin sagte, sie habe es noch nie erlebt, aber seit dem frühen Morgen erinnere Gott sie ständig daran, für unsere Familie zu beten.

Offen für Neues

Es kam mir vor wie Berufung und Bestätigung zugleich. Wir trafen eine Entscheidung. Es folgten weitere Bestätigungen: ein von einem Reisebüro geschenkter Flug in die USA und eine am selben Abend ausgesprochene Einladung in die Hauptzentrale von „Compassion", eine Reise nach Haiti, bei der Gott mir sehr drastisch vor Augen führte, wofür er mich haben wollte, eine intensive Vorbereitungszeit, in der ich begriff, dass die Armen Gottes Herzensanliegen sind. Viele kleine Puzzleteile ergaben ein Bild, ließen ein Motiv erkennen. Und trotzdem gab es keine hundertprozentige Sicherheit oder Gewissheit, dass jeder Schritt klar und gut war. Aber ich habe es gewagt, habe meine Agentur geschlossen, habe mich hundertprozentig auf die Berufung eingelassen – und habe das noch keinen Tag bereut.

Ganz im Gegenteil: Ich habe das Gefühl, angekommen zu sein, am richtigen Platz zu sein, denke manchmal über meine Zeit als Journalist, als Verleger, als Buchautor und PR-Manager nach und sehe, dass alles irgendwie zur Ausbildung gehörte für das, was ich heute mache. Wie gesagt, ich war nicht unzufrieden, wollte keine Veränderung und sah auch keine Notwendigkeit für Neues. Aber ich war offen.

Berufung hängt für mich eng mit Offenheit zusammen: für „eine Weiterentwicklung und sogar für das Einschlagen einer komplett anderen Richtung", wie ich unvorsichtigerweise im Vorwort meines Buches geschrieben hatte.

Mit Sinn, Gefühl und Verstand

Das ist jetzt sechs Jahre her und ich helfe mit „Compassion" noch immer, weltweit „arme Kinder aus Armut zu befreien im Namen Jesu". Inzwischen sind es viele tausend Kinder, denen wir mit Paten eine Entwicklung ermöglichen, von der sie bisher nur träumen konnten.

Manchmal muss ich über mich selbst lachen, wie stark ich „Nein" gesagt habe und wie sanft mich Gott in eine Richtung geführt hat, von der er wusste, dass es auch für mich eine Herzensangelegenheit werden würde, wenn ich mich erst mal auf den Weg begebe. Sinn, Gefühl und Verstand spielten bei dieser Berufung eine Rolle. Heute bin ich immer noch froh, dass Gott mein Vorwort gelesen hat.

Steve Volke. Er ist Direktor von „Compassion Deutschland", einem christlichen Hilfswerk, dass sich weltweit um arme Kinder kümmert und ihre Entwicklung fördert: www.compassion-de.org

5. Kleiner Glaube – großer Gott: Berufung in der Bibel

Wenn es keinen Rufer gibt – gibt es auch keine Berufung – nur Arbeit.

OZ GUINESS

Ich will euch Leben in vollem Genüge geben!

JESUS IM JOHANNESEVANGELIUM

„Gott beruft alle gleich und jeden besonders", so könnte man die Berufungsgeschichten aus der Bibel treffend zusammenfassen. Dass Berufung ein wichtiges Thema für Gott und die Menschen ist, kann man daran erkennen, dass die Bibel voller Berufungsgeschichten steckt. Ich glaube, das liegt daran, dass Berufung in der Bibel stark auf der Beziehungsebene liegt und die tiefe Verbundenheit zwischen Gott und Mensch ausdrückt. Gott liebt den Menschen und möchte, dass es ihm gut geht, dass er sein Potenzial ausschöpft, und deshalb beruft er ihn. Wie dies geschieht, spielt in der Bibel eher eine untergeordnete Rolle, denn es geschieht immer auf unterschiedliche Art und Weise. Oft ist es so, dass der angerufene Mensch gar nicht richtig hört und sich nicht sicher ist, ob er dieses Rufen Gottes auch verstanden hat. Das hängt meist mit der Frage nach der eigenen Identität zusammen, der Wahrnehmung der eigenen Stärken und Schwächen und dem Persönlichkeitsprofil. Sehr menschlich? Durchaus, deshalb hat Gott auch sehr viel Geduld mit uns Menschen. Er traut ihnen scheinbar mehr zu als sie sich selbst. Hier ein paar Beispiele:

Mose:

Die Berufung des Schafhirten Mose geschieht durch eine Stimme und einen brennenden Dornbusch (2. Mose 3). Mose stellt zuerst eine grundsätzliche Frage nach seiner Identität: Wer bin ich? Daraufhin kommt es zum längeren Dialog, den Gott geduldig mitmacht und in dessen Verlauf er Mose erklärt, dass er mit ihm sein wird, bei allem, was er tut (ein dialogisches Geschehen nach Martin Buber).

Gideon:

Bei Gideon läuft es ähnlich ab wie bei Mose, nur dass Gideon argumentiert, er sei zu jung. Aber Gott lässt sich nicht abwimmeln, sondern weiß, was er tut!

Jesaja:

Der Prophet Jesaja fühlt sich nicht nur zu jung, sondern auch unwürdig, eine Berufung Gottes überhaupt anzunehmen, ähnlich wie Jeremia, auf den ich später noch eingehen werde.

Wir könnten die Liste der so oder ähnlich Berufenen weiterführen mit Namen wie Abraham, Samuel oder Jona. Lediglich Hesekiel hat seine Berufung gleich angenommen. Ihm wurde allerdings auch die Hilfe des Heiligen Geist versprochen, worauf wir später noch eingehen werden.

Kann ich meine Berufung überhören?

„Gott beruft jeden besonders, und jeder versteht es." Viele Menschen, mit denen ich beim Thema Berufung zu tun habe, sind von der Angst besessen, sie könnten den Ruf Gottes für ihr Leben überhören. Diese Angst ist verständlich und sie ist sicher begründet in einer Urangst des Menschen, das Entscheidende zu verpassen. Aber interessanterweise spielt die Tatsache, dass Menschen Gottes Berufung nicht hören oder sie missverstehen, kaum eine Rolle in der Bibel. Ja, es ist geradezu umgekehrt: Die angesprochenen Menschen verstehen Gott (in seiner ganz unterschiedlichen Art), sind sich allerdings nicht sicher, ob sie diesen Ruf überhaupt annehmen wollen oder können. Manche laufen vor ihrer Berufung sogar einfach davon, wie der Prophet Jona. Der aber doch von Gott eingeholt wurde. Daraus lässt sich schließen, dass wir ganz beruhigt sein können: Wir werden Gottes Berufung für unser Leben schon verstehen, auch wenn Gott nicht immer auf die Art und Weise beruft, wie wir es uns vorstellen.

Im Rückblick ist man schlauer – auch in der Bibel

Manchen Menschen in der Bibel war sehr klar, was ihre Berufung bedeutet (z. B. den Propheten), anderen gar nicht (z. B. Abraham oder im Neuen Testament den Jüngern Jesu). Sie sind einfach dem Ruf Gottes gefolgt und haben erst im Rückblick verstanden, was Gott mit ihnen vorhatte, was ihre Berufung überhaupt war. Wieder andere sind in ihre Berufung reingewachsen (David oder Josef) und ihnen wurde erst mitten im Leben klar, was Gott mit ihnen vorhat. Anderen wurde zwar gesagt, was ihre Berufung ist, aber sie haben erst viel später verstanden, was das eigentlich für ihr Leben bedeutet (z. B. Petrus). Das klingt zwar nicht so, wie wir es uns manchmal vorstellen (Mythos: „Schrift am Himmel"), zeigt aber noch einmal deutlich, dass es nicht um die „sieben Schritte zur perfekten Berufung ohne Anstrengung" geht, sondern um dein Leben und deine Geschichte mit Gott. Auch im Neuen Testament waren die Berufungsgeschichten nicht die reinen Erfolgsgeschichten, denn Jesus hat seine Nachfolger ganz schön herausgefordert, als er sie aus ihrem Alltag, ihrem Beruf, ja sogar aus ihren Familien herausrief. Damit waren einige überfordert, was ich ehrlicherweise auch gut verstehen kann. Aber es war für viele auch der Anfang eines wunderbaren Lebens mit Jesus, dem Sohn Gottes, wie beispielsweise für den Fischer Petrus (Lukas 5,1-11) oder den Zolleinnehmer Levi (Lukas 5,27-32). Dabei wird klar, dass Berufung für die beiden etwas mit Nachfolge zu tun hat, und ich glaube, dass dies bis heute so ist. Jesus beruft uns zuallererst in seine Nachfolge (und die ist herausfordernd genug), und dann in eine besondere Aufgabe (die wir dann erkennen können). Dazu traute er damals den Jüngern mehr zu als sie sich selbst. Und genauso geht er auch mit uns um: Er traut uns eine Menge zu und will uns auch die Befähigung dazu geben. Dazu hat er uns neben unserer Persönlichkeit und unseren natürlichen Gaben auch den Heiligen Geist gegeben, der uns auf übernatürliche Art und Weise begaben will (1. Korinther 12,3-11). Dabei sind wir nicht alleine, sondern Gott gebraucht dabei oftmals die Menschen um uns herum. Wir sind ein Teil einer größeren Gemeinschaft, einer größeren Geschichte Gottes, dem Leib Christi (1. Korinther 12,12-31; Römer 12,3-8). Das zu wissen, entspannt ungemein, genauso, dass ihn bisher alle, die er berufen hat, auch verstanden haben, auch wenn es bei manchen etwas länger gedauert hat.

5.1 Die Berufung des Jeremia und was wir daraus lernen können

Noch bevor ich dich im Leib deiner Mutter entstehen ließ, hatte ich schon einen Plan mit dir.

JEREMIA 1,4

Meine Lieblingsgestalt im Alten Testament ist Jeremia. Ich liebe diesen widerwilligen und kratzbürstigen Propheten Gottes. Kein Prototyp, keiner der heute den Lobpreis leiten würde. Deshalb lohnt es sich, seine Geschichte kurz anzuschauen.

Jeremia wurde 650 v. Chr. in Anathot während der Regierungszeit von Manasse als Sohn des Priesters Hiskia geboren. Von klein auf wurde er zum Gehorsam gegenüber dem Gesetz Gottes und den gottesdienstlichen Ordnungen erzogen. Im Jahr 627 v. Chr. trifft ihn der Ruf Gottes zum Propheten über die Völker. Jeremia sträubte sich gegen die Berufung Gottes. Aber Gott lässt nicht „locker". Jeremia war damals 23 Jahre alt und sollte eigentlich Priester werden, also mit allem, was er war und hatte, Gott dienen. Eine wichtige und angesehene Aufgabe im Volk Israel damals und heute. Jeremia wollte kein Prophet werden und das hatte seine Gründe. Wenn Gott beruft, vor allem zum Propheten, war das damals kein Zuckerschlecken und Jeremia sollte recht behalten. Ehelos, verfolgt, angeklagt, misshandelt und zum Tode verurteilt, begnadigt, verschleppt, zurückgeholt! Sein Leben war eine einzige emotionale Achterbahnfahrt. Dazu war seine Botschaft nicht die angenehmste: dem Volk das Gericht Gottes ankündigen, und zwar nicht nur Israel und Juda, sondern auch anderen Völkern. Eine Aufgabe, die so schwer war, dass er sogar den Tag seiner Geburt verfluchte (Jeremia 20,18-20). Warum hat er es dennoch ausgehalten und seinen Auftrag immer wieder treu ausgeführt? Ich denke, dass dies mit seiner Berufung zusammenhing. Es ist erstaunlich, dass bei der Berufungsgeschichte selbst weder Zeit noch Ort oder nähere Umstände beschrieben werden. Es geht also nicht um das Wann und Wie, sondern allein um den Inhalt der Berufung. Gott spricht Jeremia persönlich an, dies geschieht in einer Vision (Jeremia 1,4-10). Gott berief Jeremia schon vor seiner Geburt zum Propheten. Er offenbart ihm, was er schon längst vorher in seinem Leben entschieden hatte. Man könnte in Anlehnung an Descartes („Ich denke, darum bin ich") sagen: „Ich werde gedacht, also bin ich." Das Leben ist nicht lebenswert, weil der Mensch es „denken" kann, sondern weil es von Gott erdacht und gestaltet wird. Jeremia ist verständlicherweise erstaunt und erschrocken und antwortet mit zwei Gegenargumenten („Ich bin zu jung" und „Ich kann nicht reden") und Gott geht auf diese Gegenargumente Jeremias ein. Er solle sich wegen seines Alters keine Sorgen machen, er brauche sich auch nicht die Frage zu stellen, ob er für diese Arbeit tauglich sei oder nicht. Wenn Gott ihn beruft, ist alles andere nebensächlich. Gott gibt ihm noch den doppelten Auftrag: „Geh zu allen, zu denen ich dich sende." Hier wird wieder die Weite und Größe der Berufung deutlich – und dass der Auftrag Jeremias über Israel hinausgehen wird. Aber gleich darauf folgt der Zuspruch Gottes an Jeremia: „Fürchte dich nicht vor ihnen, denn ich bin mit dir, damit ich dich errette." Wie das praktisch aussehen kann, wird gleich deutlich. Jeremia wird durch eine Zeichenhandlung (die Hand Gottes berührt seinen Mund) seine Frage nach dem Nicht-reden-können beantwortet: Gott selbst wird durch ihn reden; es kommt gar nicht auf die Redekunst Jeremias an, sondern der Prophet ist lediglich das Sprachrohr Gottes.

Gottes Rufen hören, gehorsam sein, ihm vertrauen und nicht unseren Eitelkeiten, das sind große Herausforderungen, wenn es um das Finden der eigenen Berufung geht. Wir meinen, immer alles besser zu wissen als Gott, wer alt genug ist und wer reden kann, wer sich richtig verhält und wer nicht. Aber Gott sucht keine Supermodels, Supermänner, sondern Menschen, die ihm vertrauen und auf ihn schauen. Wenn Gott beruft, dann trägt er auch durch, egal, wie schwierig die Situation auch sein mag. Gemeinde sollte ein Ort sein, wo dies unterstützt wird. Wo Menschen Bestätigung und Wertschätzung erleben. Dies geschieht auch, aber leider viel zu selten. Immer wieder erlebe ich Situationen, in denen Berufenen diese Wertschätzung der Gemeinde (oder auch des Einzelnen) nicht entgegengebracht wird. Ja, mitunter hindert man die Berufenen sogar daran, die eigene Berufung zu verstehen. Und interessanterweise werden hierfür ähnliche Argumente angeführt, wie wir sie in diesem Teil des Buches gelesen haben: Du bist zu jung, zu unerfahren, du kannst nicht gut genug reden, dein Leben steht nicht im Einklang mit deinem Glauben etc. Dies ist für viele ein echtes Hindernis, die eigene Berufung zu leben. Ich bin davon überzeugt, dass wir die Menschen mehr dazu ermutigen sollten, sich einzubringen und sich auszuprobieren, gerade im Rahmen der Gemeinde. Denn es geht auch hier um Beziehungen, nicht um Perfektion!

Lernen von Jeremia für die eigene Berufung

Was könnte Gott von dir wollen?

Was sind deine Ausreden?

Das Buch Jeremia in der Bibel.

Hermann Koch: *Blüh, Mandelzweig, blüh. Jeremia, Prophet zwischen Glaubenskrise und Gottvertrauen. Eine dramatische Erzählung.* Junge Gemeinde Verlag.

5.2 Die Berufung des Paulus und was wir daraus lernen können

Denn Gott nimmt seine Gnadengeschenke nicht zurück, und eine einmal ausgesprochene Berufung widerruft er nicht.

PAULUS IN RÖMER 11,29

Als zweites Beispiel möchte ich die Berufung des Paulus betrachten, da sie wie bei einem guten Klischee zu fast jedem christlichen Berufungsbuch gehört. Allerdings ist sie viel interessanter als manchmal beschrieben. Dass sie in der Bibel eine sehr wichtige Rolle spielt, erkennt man an der Ausführlichkeit und der Genauigkeit, mit der Lukas von der Berufung des Paulus erzählt. In der Bibel kommt sie viermal vor, dreimal in der Apostelgeschichte (9,1ff.; 22,4ff.; 26,9ff.) und einmal im Galaterbrief (Gal 1,16f.). Dazu wird sie noch einige Male angedeutet oder erwähnt, ohne ausführlich erzählt zu werden. Die Berufung des Paulus ist nicht nur eine verrückte Geschichte, sondern sie steckt auch voller Ironie:

- Gott sucht sich den größten seiner Verfolger aus, um ihn zu seinem wichtigsten Mann zu machen!
- Ein Mensch begegnet Jesus und plötzlich ändert sich die Richtung seines Lebens – komplett. Alles wird auf den Kopf gestellt.
- Der Herrschende muss wie ein kleines Kind an die Hand genommen werden, weil er blind ist, und wird geführt.
- Der Verfolger soll in Zukunft selbst verfolgt werden und leiden.
- Der die Christen verfolgt und ihnen Angst macht, ist auf sie angewiesen und braucht sie, damit er wieder sehen kann.

- Die Christen, die sich ängstlich vor ihrem ärgsten Verfolger versteckt haben, legen ihm die Hände zur Heilung auf, damit er wieder gesund wird.

Auf den ersten Blick könnte man meinen, dass die Bekehrung des Paulus eine Musterberufung war, eine dieser 180°-Berufungen. Aber wenn man genau hinschaut, ist dies nur zum Teil richtig.

Was hat Paulus vor seiner Berufung ausgemacht?

1. Er war Theologe und Lehrer (hatte die damaligen besten Lehrer: Gamaliel)
2. Er ging strategisch vor (um seine Ziele alle zu erreichen)
3. Er war ein „Eiferer", voller Leidenschaft (und freute sich sogar über den Tod von Menschen)
4. Er nutzte die Kontakte und seine Stellung (für die Verfolgung)

Was hat Paulus nach seiner Berufung ausgemacht?

1. Er war Theologe und Lehrer (war selbst einer der besten Lehrer)
2. Er ging strategisch vor (Gemeindebau bis an die Grenzen der damaligen Welt)
3. Er war ein „Eiferer", voller Leidenschaft (er scheute weder Tod noch Leben – wurde verfolgt, gesteinigt und am Ende getötet)
4. Er nutzte die Kontakte und seine Stellung (seine „doppelte Staatsbürgerschaft")

Die Richtung seiner Arbeit hat sich grundlegend geändert, aber Gott hat vieles, was Paulus vor seiner Berufung ausgemacht hat, auch nach seiner Berufung gebraucht. Nach seiner Berufung war Paulus zunächst jahrelang von der Bildfläche verschwunden. Er war in Tarsus und wir wissen nicht genau, was er dort machte, aber er wuchs auf jeden Fall im Glauben und in seiner Persönlichkeit. Erst nach 14 Jahren holte ihn Barnabas nach Antiochia und er wurde mit ihm zusammen auserwählt und ausgesandt (Galater 2,1).

Gerade im Galaterbrief, wo Paulus den Christen in den Gemeinden von Galatien noch einmal seine Berufungsgeschichte erzählt, wird vieles, was wir bisher angedacht haben, noch einmal zusammengefasst (Galater 1,15 - 24):

Aber dann kam es ganz anders. Gott hatte mich ja schon vom Mutterleib an ausgesondert und in seiner Gnade berufen. Und so gefiel es ihm jetzt, mir seinen Sohn zu zeigen, damit ich ihn unter den nichtjüdischen Völkern bekannt mache. Als mir diese Offenbarung zuteil wurde, fragte ich nicht erst Menschen um Rat. Ich ging auch nicht nach Jerusalem zu denen, die schon vor mir Apostel waren, sondern begab mich nach Arabien und kehrte dann wieder nach Damaskus zurück. Erst drei Jahre später ging ich nach Jerusalem, um Petrus kennenzulernen. Ich blieb zwei Wochen bei ihm. Von den anderen Aposteln sah ich damals keinen, nur Jakobus, den Bruder des Herrn. Was ich euch hier schreibe, ist die reine Wahrheit; Gott weiß es. Dann ging ich nach Syrien und Zilizien. Den christlichen Gemeinden in Judäa blieb ich persönlich unbekannt. Sie hatten nur gehört: „Der Mann, der uns verfolgte, verkündet jetzt den Glauben, den er früher ausrotten wollte!" Und sie dankten Gott dafür, dass er dies an mir bewirkt hatte.

Aus diesem Text möchte ich ein paar zusammenfassende Gedanken weitergeben:

1. Paulus erfährt wie alle Menschen eine allgemeine Berufung Gottes schon vor seiner Geburt. Gott hat sich bei jedem Menschen, den er ins Leben ruft, etwas gedacht, er ist unser Schöpfer, jeder ist ihm wichtig, für jeden gibt es ein sinnvolles und gelingendes Leben.

2. Dies bedeutet nicht, dass alles im Leben gut und erfolgreich läuft. Wir sind nicht automatisch vor Irrwegen sicher. Obwohl Paulus bei den besten jüdischen Lehrern der damaligen Zeit ausgebildet wurde, ist er zunächst gegen den christlichen Glauben ins Feld gezogen.

3. Gott beruft ihn auf besondere Weise. Gott begegnet Paulus, und zwar so intensiv, dass sich zwei Dinge ändern: erstens hört er auf, das zu tun, was er bisher getan hat, nämlich Christen zu verfolgen, und zweitens beginnt er an Christus, den Auferstandenen, zu glauben.

4. Er braucht die Gemeinschaft der Christen, um seine neue Berufung zu finden. Er begegnet den Christen in Antiochia, später auch Jerusalem, und geht dann zunächst nach Tarsus zurück.

5. Berufung hat Zeit, auch bei Paulus. Erst 14 Jahre nach seinem Berufungserlebnis wird er von Barnabas zurück nach Jerusalem geholt, dort wird er per Los auf seine erste Missionsreise geschickt. Es beginnt ein großer Missionsdienst.

6. Bei allem, was dann passiert, sind seine Persönlichkeit, seine Identität, seine Gelehrtheit und seine strategischen Gaben (nur einmal wurde er vom Heiligen Geist an seinen Plänen gehindert) von großer Bedeutung. Nun aber im Dienst für Gott, nicht gegen ihn.

Zum Abschluss soll noch erwähnt werden, dass Paulus in der weltweiten Kirche bist heute Spuren hinterlassen hat. Man kann von einem gelingenden Leben sprechen. Und trotzdem war er am Ende seines Lebens nicht erfolgreich. Es gab Verfolgung, viele Christen haben sich von Paulus abgewandt, und in einem seiner letzten Briefe aus der Gefangenschaft schreibt er an seinen treuen Freund Timotheus (2. Timotheusbrief), dass viele ihn verlassen, ihm falsche Lehre vorgeworfen wird und er denkt, dass sich sein Leben langsam dem Ende neigt. Paulus ist müde, nachdem er ein kämpferisches Leben für seinen Gott geführt hat, der ihn berufen hat. Was am Ende zählt, ist nicht die Anerkennung, die er von Menschen bekommen hat, sondern dass er seiner Berufung treu war und den „Siegeskranz Gottes" empfangen wird.

Das Leben des Paulus spielte sich innerhalb der Spannungsfelder ab, die wir bereits erwähnt haben. Das kann uns ermutigen, auch dann durchzuhalten, wenn die Dinge nicht so ganz klar sind oder sich keine scheinbaren Erfolge einstellen. Paulus hielt trotzdem an seiner Berufung fest und ließ sich weder durch großartige Erfolge noch durch scheinbare Niederlagen davon abbringen.

Von Paulus für die eigene Berufung lernen

Vielleicht kennst du deine Berufung, hast sie bekommen, befindest dich seit Jahren in „Tarsus in der Warteschleife". Vielleicht kommt heute „Barnabas" und erinnert dich daran, was du eigentlich schon lange weißt.

Welche Gaben hat Gott dir gegeben?

Was kannst du für Gott einsetzen?

Es kann festgehalten werden: Berufung ist in der Bibel ein wichtiges und zentrales Thema und Gott beruft immer wieder ganz unterschiedlich. Vier grobe Richtungen sind dabei erkennbar:

1. Berufung als Gottesbegegnung: Jesaja, Jeremia und Mose
2. Berufung als Prozess der Nachfolge: Jünger (Petrus, Johannes etc.)
3. Berufung durch Menschen: Timotheus, Johannes Markus und Barnabas
4. Berufung durch die Gemeinde: Silas, Paulus und Barnabas

Wie Gott Menschen beruft, ist also ganz unterschiedlich und individuell; mal spektakulär, mal ganz leise und sanft, aber immer so, dass wir Menschen es verstehen und es zu uns passt. Wer berufen ist, ist nicht dazu gezwungen, etwas zu tun, was er nicht tun will, sondern er wird ermutigt, den Platz auszufüllen, den Gott für ihn vorbereitet hat. Dabei gibt es nicht immer den einen vorgezeichneten Weg, sondern eher eine Richtung. Gott macht sich schon bemerkbar, wenn wir in die falsche Richtung laufen, da können wir ihm vertrauen. Er liebt uns. Er will uns Sinn im Leben geben, manchmal gebraucht er dazu Bücher, Pilgerwege, Menschen oder Offenbarungen. Aber wir können ganz sicher sein: Er beruft so, dass wir es verstehen. Dabei spielt der Heilige Geist eine wichtige Rolle, wie wir gleich noch sehen werden. Nach meiner Erfahrung liegen die Probleme, die wir im Zusammenhang mit einer Berufung haben, gar nicht daran, dass wir Gott und seine Pläne für unser Leben nicht verstehen. Sondern wir trauen es uns einfach nicht zu. Wir denken, dass wir zu jung sind, zu unbegabt, zu ... Wenn das bei dir so ist: Herzlich willkommen! Gerade solche Leute will Gott besonders gebrauchen. Da gibt es in der Bibel zahlreiche Beispiele, wie die folgende Aufzählung verdeutlicht:

Wenn du das nächste Mal denkst, Gott könne dich nicht gebrauchen, erinnere dich ...

Noah war ein Trinker

Abraham war zu alt

Isaak war ein Tagträumer

Jakob war ein Lügner

Lea war nicht gerade eine Schönheit

Josef war ein Mobbingopfer

Mose hatte vermutlich ein Sprachproblem

Gideon war ängstlich

Simson hatte lange Haare und war ein Frauenheld

Rahab war eine Prostituierte

Jeremia und Timotheus waren zu jung

David hatte eine Affäre und war ein Mörder

Elia hatte selbstmörderische Gedanken

Jona lief vor Gott weg

Noomi war eine Witwe

Hiob ging bankrott

Petrus verleugnete den Herrn (dreimal!)

Die Jünger schliefen beim Beten ein

Martha war besorgt um viele Dinge

Zachäus war zu klein

Timotheus hatte ein Magengeschwür ... UND

Lazarus war tot!

Warum sollte dich Gott nicht gebrauchen?

Vielleicht will er dich gerade deshalb gebrauchen.

Os Guinness: *Von Gott berufen – aber zu was? Wissen, für was es sich zu leben lohnt.* Hänssler Verlag.

Martin Schleske: *Der Klang. Vom unerhörten Sinn des Lebens.* Kösel Verlag.

5.3 Der Heilige Geist und die Frage der inneren Stimme

„Aber wenn der Helfer kommt, der Geist der Wahrheit, wird er euch anleiten, in der vollen Wahrheit zu leben. Was er euch sagen wird, hat er nicht von sich selbst, sondern er wird euch nur sagen, was er hört. Er wird euch jeweils vorbereiten auf das, was auf euch zukommt." JOHANNES 16,13

Eine Grundaussage der Bibel ist, dass der Heilige Geist in allen Christen lebt (Römer 8,9). Der Stellvertreter Christi auf Erden führt und leitet uns in unserem Leben. Das ist eine tolle Sache und unterscheidet das Christentum von vielen anderen Religionen und Weltanschauungen. Aber es ist auch herausfordernd, da die Stimme des Heiligen Geistes nicht immer klar von unseren eigenen inneren Stimmen zu unterscheiden ist. Das ist aber gar nicht immer schlimm, wenn wir lernen, gut damit umzugehen, und einen Rahmen schaffen, der uns bei der Unterscheidung hilft. Dazu ist es zunächst nötig, ein paar grundsätzliche Dinge festzuhalten.

Gott will uns seinen guten Geist schenken: Gott ist der Geber des Heiligen Geistes. Wir können und müssen da nichts selbst lostreten, er lebt in uns und will uns Gott verständlich machen. Jesus vergleicht Gott den Vater mit einem leiblichen Vater, und wenn schon der leibliche Vater das Beste für seine Kinder will, wie viel mehr will es dann Gott: „So schlecht ihr auch seid, ihr wisst doch, was euren Kindern guttut und gebt es ihnen. Wie viel mehr wird euer Vater im Himmel denen seinen Geist geben, die ihn darum bitten" (Lukas 11,13).

Der Geist Gottes hilft uns dabei, unser Leben zu gestalten. Dies tut er manchmal sehr deutlich und oft auch nur ganz leise und unauffällig. Wir haben uns weiter oben mit dem Apostel Paulus beschäftigt und einen Blick auf sein Leben geworfen. Er war einer der größten Missionare der Geschichte und hat erlebt, wie ihn der Heilige Geist ausgewählt und auch geführt hat (Apostelgeschichte 13,2). Als er das zweite Mal explizit davon berichtet, dass der Heilige Geist ihn führt, wird er nach Europa gesendet (Apostelgeschichte 16,6-10), ansonsten wird in der jahrzehntelangen Arbeit eher von menschlichen Strategien und Überlegungen gesprochen. Nicht, dass der Heilige Geist sonst nicht dabei gewesen wäre. Das war er gewiss, aber er spricht nur manchmal sehr deutlich hörbar und manchmal auch durch unseren Verstand oder unsere Emotionen. Und manchmal spricht er auch gar nicht. Immer herauszufinden, ob unsere innere Stimme die Stimme des Heiligen Geistes ist, ist gar nicht so einfach. Oft können wir erst im Rückblick erkennen, dass es die Stimme des Heiligen Geistes war, die wir als innere Stimme wahrgenommen haben.

Drei einfache Hilfestellungen:

1. Nimm dir Zeit, auf den Heiligen Geist und deine innere Stimme zu hören, und schreibe es auf, sodass du allmählich lernst, die „Stimmen" zu unterscheiden.

2. Prüfe die Eindrücke, die du hast, vor dir selbst, aber auch gemeinsam mit Menschen deines Vertrauens.

3. Der Heilige Geist sagt nichts, was gegen die Bibel ist, sodass es immer wieder mit ihr abgeglichen werden kann.

Ein interessanter Aspekt ist, dass Gott meist durch die Mittel unserer Kultur zu uns spricht. Dies bedeutet, dass wir Gott in einer westlichen und kognitiv geprägten Kultur deutlich mehr über unseren Verstand wahrnehmen als zum Beispiel in einer orientalisch geprägten Kultur, in der der Heilige Geist deutlich öfter in Träumen und Visionen spricht. Auch wenn diese Beobachtungen zu machen sind, sollten wir uns eine Offenheit für die Leitung des Heiligen Geistes erhalten und erwarten, dass er in unser Leben hineinsprechen darf. In der Bibel lesen wir, dass dies auf ganz unterschiedliche Art und Weise geschehen kann, durch Gedanken, Träume, andere Menschen oder sogar die Natur.

Der Heilige Geist

Wo habe ich bisher den Heiligen Geist in meinem Leben erlebt?

Woran habe ich das erkannt?

Was finde ich dabei besonders herausfordernd?

Die innere Stimme hören

Auf die innere Stimme hören! Sei mutig und schreibe auf (oder male), was du im Gebet gerade hörst (Fragen, Zweifel, Bilder etc.).

Thomas Weißenborn: *Gott ganz nah. Der Heilige Geist und wir.* Verlag der Francke-Buchhandlung.

Martin Forster und Hanspeter Jecker: *Faszination Heiliger Geist.* Neufeld Verlag.

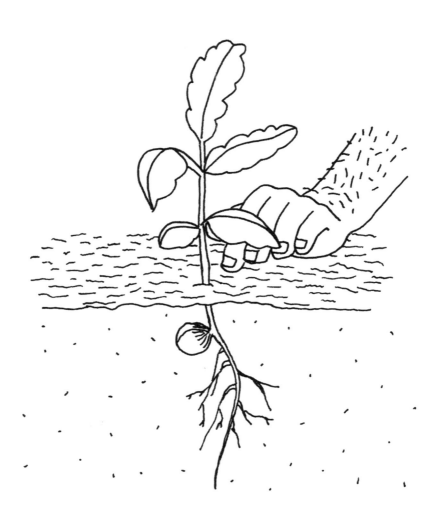

Elzéard Bouffier

6. Berufung – durch verschiedene Aspekte zur Gewissheit

Wir erfinden unseren Auftrag in dieser Welt nicht, sondern wir entdecken ihn. Er liegt in uns und wartet darauf, verwirklicht zu werden. Jede/r hat eine persönliche Berufung oder Mission im Leben. Jede/r muss einer bestimmten Aufgabe nachkommen, die auf Erfüllung drängt. Der Auftrag jedes Menschen ist genauso einzigartig wie die Chance, ihn zu erfüllen. VIKTOR FRANKL

Wir haben jetzt schon einige wichtige Hinweise im Bezug auf die eigene Berufung erarbeitet: die inneren Faktoren wie Identität, Persönlichkeit und die eigenen Stärken. Dann sind wir auf die äußeren Faktoren der gesellschaftlichen Veränderungen eingegangen, die uns natürlich beeinflussen, da wir ihnen tagtäglich ausgesetzt sind. Dazu kam die geistliche Frage, was Gott von meinem Leben möchte und wie er beispielhaft in der Bibel Menschen berufen hat. Jetzt wollen wir auf dem bisher Erarbeiteten aufbauen und fragen, was dies für die eigene Berufung bedeutet. Dabei sollen auch verschiedene Stolpersteine bedacht werden, die uns immer wieder im Weg liegen können.

Ich selbst habe schon viele Menschen kennengelernt, die ihre Berufung gesucht, gefunden, gelebt und verloren haben. Die Erlebnisse der Einzelnen waren sehr unterschiedlich, aber allen gemeinsam war die Sehnsucht, die eigene Berufung zu spüren und zu leben. Mir hat es immer sehr geholfen, wenn Menschen damit offen und ehrlich umgegangen sind und von ihren positiven *und* negativen Erfahrungen erzählt haben. Deshalb halte ich die nächste Übung für eine der schönsten in diesem Buch.

Kennst du Menschen, die ihre Berufung leben?

Lade sie auf einen Kaffee ein und frage sie nach ihrer „Berufungsgeschichte".

Welche Aspekte sind dir besonders wichtig geworden?

Was kannst du daraus für dich lernen?

6.1 Was erwarten wir von unserer Berufung?

Es geht im Wesentlichen darum, dass ich mich selbst verstehe, dass ich sehe, was Gott wirklich will, dass ich es tue; es geht darum, eine Wahrheit zu finden, die für mich gilt, die Vorstellung zu finden, für die ich leben und sterben kann. SÖREN KIERKEGAARD

Um die eigenen Erwartungen zum Thema Berufung zu klären, ist es wichtig, ein eigenes Verständnis von Berufung zu entwickeln. Dazu haben wir schon einige Fragen geklärt, Spannungsfelder aufgetan, gesellschaftliche Entwicklungen betrachtet und innere Faktoren des eigenen Lebens reflektiert. Wir haben in die Bibel geschaut und festgestellt, dass Gott auf ganz unterschiedliche Weise beruft und dass ihm das Thema Berufung sehr wichtig ist.

Nun sollen noch einmal wesentliche Fragen und Herausforderungen verdichtet und auf das eigene Leben angewendet werden. Zunächst wären die überhöhten Erwartungen, die wir an den „Rufer" und seinen Ruf haben, zu nennen. Ich zumindest bin lange davon ausgegangen, dass ich eine klare und deutlich verständliche Stimme vom Himmel höre, die mir sagt, was meine Berufung ist. Alternativ wäre auch ein Zettel mit vollständigen Sätzen in Ordnung gewesen. Hatte nicht Paulus auch eine Stimme von Gott gehört? Warum dann nicht auch ich? Während ich so wartete, kam aber nichts, jedenfalls nicht in der Deutlichkeit, mit der ich rechnete. Und mit weniger wollte ich mich nicht zufrieden geben. Gut, ich war noch jung und wusste noch nicht so viel von Gott, aber selbst diese Erkenntnis war mir in meiner Jugend noch nicht gegeben. So kam es zu folgender Begebenheit, die inmitten einer Zeit stattfand, in der ich mich mit der Frage beschäftigte, wie es in meinem Leben weitergehen sollte.

Ich habe schon beschrieben, dass ich Schornsteinfeger war

und dass mich einige Leute aus meinem Bekanntenkreis darauf ansprachen, ob ich nicht Theologie studieren wolle. Diese Frage trieb mich um, und da kam mir ein Ritual, welches in unserer Badischen Landeskirche am Silvestergottesdienst durchgeführt wurde, gerade recht. Dort wurde unter Gebet ein Korb mit Bibelversen durch die Reihen gegeben. Jede Person zog ein sogenanntes Jahreslos. Mein Verständnis davon lag irgendwo zwischen einem magischen Verständnis vom Glauben und göttlicher Prophetie. Also zog ich mit zitternden Händen das Los, welches nicht nur über das kommende Jahr bestimmen sollte, nein, vielleicht sogar über meine Berufung, ja mein ganzes Leben.

Tobys Los

Und auf dem kleinen Zettel stand: „Ich bin der Herr dein Arzt." Mein erster Gedanke war: Wahrscheinlich bekomme ich Krebs oder eine noch schlimmere Krankheit, von der Gott mich dann spektakulär heilen wird. Aber es kam alles ganz anders, Gott hat Humor, und das Ganze war eher eine kleine Lektion hin zu einem gesundes Gottesbild. Ich wurde weder krank, noch habe ich an diesem Abend meine Berufung gefunden. Ich habe aber viel gelernt über meine eigene Frömmigkeitstradition, über Gott und meine überhöhten Erwartungen. Gott beruft und er tut es auf seine Art, und in einem kann ich mir sicher sein: Ich werde es verstehen, wenn er mich beruft. Durch meine Fixierung auf eine bestimmte Art und Weise, die ich mir vorgestellt habe, habe ich eine innere Empfindungsarmut gefördert, die eher hinderlich war.

Als ich *Der Mann, der die Bäume pflanzte* las, habe ich einige wichtige Einsichten zum Thema Berufung gewonnen. Die Geschichte spielt Anfang des letzten Jahrhunderts in Frankreich.

Der Erzähler Jean Giono, der im Jahr 1910 als 22-jähriger allein eine Wanderung durch das karge Bergland der Provence unternimmt, trifft auf der Suche nach Wasser durch Zufall einen 55-jährigen Schafhirten. Dieser gibt ihm zu trinken und lässt ihn in seiner Hütte übernachten. Neugierig geworden, was diesen Mann dazu bewegt hat, ein solch einsames Leben zu führen, bleibt der junge Mann einige Tage bei ihm. Elzéard Bouffier, so der Name des Schäfers, hat sich für ein Leben in der Einsamkeit entschieden, nachdem er Frau und Sohn verloren hat. Als er erkannte, dass die ganze Gegend aus Mangel an Bäumen veröden würde, entschloss er sich, etwas dagegen zu unternehmen und sät seitdem Bäume. Dies tut er, indem er jeden Morgen, noch vor der Arbeit, hundert sorgfältig ausgesuchte Eicheln in die Erde sät. Dies tut der Schäfer Tag für Tag, bei Wind und Wetter, ohne ein Wort zu sagen. Drei Jahre sind seitdem vergangen und er hat schon 100000 Eicheln gesät. 20000 davon sind aufgegangen und etwa 10000 sind zu kleinen Eichen herangewachsen, die allmählich einen Eichenwald bilden. Elzéard Bouffier war damals 55 Jahre alt.

Einige Jahre vergehen, der Erzähler wird nach dem Ersten Weltkrieg als Soldat eingezogen und unternimmt eine Wanderung in dieselbe Gegend. Wieder trifft er auf den alten Schäfer, der immer noch unbeirrt Eicheln sät. Im Verlauf der nächsten Jahre besucht der Erzähler noch mehrmals den Hirten Elzéard Bouffier und kann das Wachstum des Waldes und die Veränderung der Landschaft deutlich erkennen. Nach dem Zweiten Weltkrieg besucht Jean Giono 1947 zum letzten Mal den alten Schäfer. Mittlerweile hatte sich Erstaunliches getan: Die ganze Landschaft der Provence hat sich verändert, es sind Wälder entstanden, es gibt wieder Wasser in den Brunnen und die Menschen kehren in die ehemals verlassenen Dörfer zurück. Über vier Jahrzehnte machte Bouffier nichts anderes, als treu und unscheinbar Eicheln zu säen.[6]

Diese Geschichte hat mich sehr beeindruckt. Sie hat mich gelehrt, dass Berufungen nicht spektakulär sein müssen und trotzdem Großes bewirken können. Manchmal braucht es den Mut, das zu tun, was uns vor den Füßen liegt, auch wenn es noch so unscheinbar scheint. Es kann Großes daraus entstehen, wenn wir das Kleine tun.

---

6 Die ganze Geschichte – oscarprämiert – gibt es als animierten Kurzfilm bei youtube unter: http://www.youtube.com/watch?v=wU2-_dMa46g.

6. Berufung – durch verschiedene Aspekte zur Gewissheit

Welche Erwartungen habe ich an meine Berufung?

Wie stelle ich mir meine Berufung vor?

6.2 Verschiedene Aspekte einer Berufung für ein gelingendes Leben

Berufung ist die Gewissheit, dass Gott uns so bestimmt zu sich ruft, dass alles, was wir sind, alles, was wir tun, und alles, was wir haben, hingebungsvoll und dynamisch als unsere Antwort auf seinen Aufruf und Dienst angesehen werden kann. OS GUINNESS

Zu Beginn des Buches habe ich den Unterschied zwischen einem gelingenden und einem erfolgreichen Leben aufgezeigt und gesagt, dass die eigene Berufung helfen kann, ein gelingendes Leben zu führen. Jetzt, gut hundert Seiten später, geht es darum, die verschiedenen Perspektiven, die angesprochen, bedacht und eingeübt worden sind, zu bündeln. Manche Fragen sind ganz einfach: In welcher Lebensphase befinde ich mich gerade? Was ist dabei in Bezug auf meine Berufung besonders wichtig? Manche vielleicht schwerer: Was hat Gott alles in mich hineingelegt? Nicht alle Aspekte, die in diesem Buch vorkamen, sind für alle gleich wichtig. Manchmal gibt ein Aspekt den Ausschlag für die eigene Berufung. Aber gerade wenn du dir unsicher bist, ist es eine Hilfe, die verschiedenen Aspekte zu betrachten, da sich ein Gesamtbild ergibt, das man so vorher nicht gesehen hat.

Dieses Gesamtbild möchte ich jetzt aufzeigen.

6. Berufung – durch verschiedene Aspekte zur Gewissheit

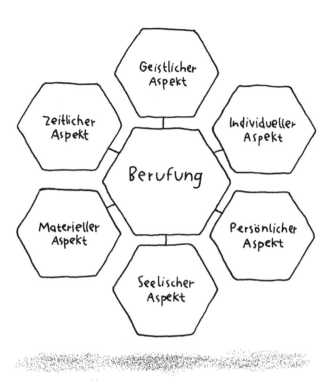

Aspekte einer Berufung:

1. *Geistlicher Aspekt*: Für viele ist dies der wichtigste Aspekt, da Gott von außen in unser Leben hineinruft. Dieser Aspekt spielt in alle anderen Aspekte hinein. Es ist wichtig, sich diese Frage zu stellen: Was ist Gottes Berufung für mein Leben? Was hat er an Gaben in mir angelegt, und welche Aufgaben sind damit verbunden?

2. *Gemeinschaftlicher Aspekt*: Hier geht es um den dialogischen Aspekt der eigenen Berufung. So individuell die eigene Berufung auch sein mag, so verwoben sind wir doch mit verschiedenen Gemeinschaften und Netzwerken. Deshalb steht unsere Berufung nicht allein, sondern ist immer Teil einer größeren Gemeinschaft. Wer hilft mir, meine Berufung zu finden? Wem möchte ich mit meiner Berufung dienen?

3. *Materieller Aspekt*: Darüber reden wir nicht so gerne, aber er spielt auch im Bezug auf unsere Berufung eine Rolle, besonders dann, wenn die Berufung mit dem auszuübenden Beruf in Verbindung steht. Hier spielt auch das Bedürfnis nach Sicherheit mit hinein, nach der sich viele Menschen sehnen. Dieses Bedürfnis müssen wir ernst nehmen. Dazu kommt der Versorgungsaspekt. Dabei geht es um die Frage, was mein Beitrag für die finanzielle Absicherung der Familie ist. Man sollte nicht vergessen, dass die Frage nach dem Geld geistlich geklärt sein muss. Welche Bedeutung hat Geld für mein Leben? Vertraue ich Gott auch in materiellen Dingen?

4. *Seelischer Aspekt:* Berufung steht für ein gelingendes Leben. Wir haben gesehen, dass dies nicht gleichzusetzen ist mit einem erfolgreichen Leben. Und trotzdem spielen unsere Wünsche und Träume eine wichtige Rolle für unsere Berufung. Wofür bin ich geschaffen? Was möchte ich auf keinen Fall verpassen? Wo komme ich mit meinen Bedürfnissen in meiner Berufung vor?

5. *Persönlicher Aspekt*: Meine Berufung gehört zu mir. Das ist eine wichtige Aussage zu meiner Identität, meinen Gaben und meiner Persönlichkeitsentwicklung. Ich übernehme Ver-

antwortung für mein Leben und meine Berufung. Gibt es jemanden (Gott und Menschen), dem ich die Verantwortung für mein Leben „in die Schuhe schiebe"?

6. *Individueller Aspekt*: Jede Berufung hat auch etwas Einzigartiges, und es ist gut zu wissen, dass man am richtigen Platz ist. Ist meine Berufung auf eine bestimmte Zeit begrenzt oder gilt sie ein ganzes Leben? Wo befinde ich mich gerade auf meiner Berufungsreise? Welche Fragen sind offen? Wo brauche ich vielleicht Unterstützung?

Berufung ist jetzt nicht gleichzusetzen mit der Summe der sechs verschiedenen Aspekte, sondern diese sollen lediglich helfen der eigenen Berufung auf die Spur zu kommen. Manchmal erschließt sich die eigene Berufung aus nur einem einzigen Aspekt und manchmal kommen fünf oder sechs Aspekte zusammen und ergeben dann eine Art Mosaik, in dem ich meine persönliche Berufung erkennen kann.

Aspekte meiner Berufung

Schreibe zu jedem Aspekt einen Satz auf, der dir wichtig ist. Greife dabei auf die Ergebnisse und Gedanken der letzten Kapitel zurück:

1. Geistlicher Aspekt:

2. Gemeinschaftlicher Aspekt:

3. Materieller Aspekt:

6. Berufung – durch verschiedene Aspekte zur Gewissheit

4. Seelischer Aspekt

5. Persönlicher Aspekt

6. Individueller Aspekt

Zwischenfazit Berufung

Versuche die bisherigen Aspekte deiner Berufung in einem Satz zusammenzufassen:

Wo sind Unsicherheiten? Welche Aspekte einer Berufung kannst du für dich nicht festhalten?

Birgit Schilling: *Berufung finden und leben. Lebensplanung für Frauen.* R. Brockhaus Verlag.

Paul Ch. Donders und Peter Essler: *Berufung als Lebensstil. Aufbrechen in ein wertvolles Leben.* Vier-Türme-Verlag.

6.3 Eine Berufung braucht Mut: Mein innerer Antrieb

Wenn das Leben keine Vision hat, nach der man strebt, nach der man sich sehnt, die man verwirklichen möchte, dann gibt es auch kein Motiv, sich anzustrengen. ERICH FROMM

Eine Berufung kann ganz unterschiedlich erfolgen, aber egal wie sie geschieht, es braucht Mut, sie anzunehmen und zu leben. Es gibt keine 100%ige Sicherheit und keine Garantie, dass ich mich nicht doch getäuscht habe. Dies lässt sich meist erst im Rückblick feststellen. Deshalb ist es gut zu wissen und Klarheit darüber zu haben, was mich antreibt, besonders wenn man vor einer Aufgabe steht, die alle bisherigen Erfahrungen in den Schatten stellt und die die eigene Vorstellungskraft sprengt. Auch das scheinbar Unmögliche kann zu einer Berufung gehören. Es gibt eine biblische Geschichte, die ich sehr schätze und die dieses Thema aufgreift. Sie wird meist im Kindergottesdienst erzählt, wobei der Teil, der mir daran wichtig ist, meist weggelassen wird. Es ist die Geschichte von David und Goliath.

6. Berufung – durch verschiedene Aspekte zur Gewissheit

David und die Rüstung von Saul (1. Samuel 17):
Das Volk Israel lag im Krieg mit den Philistern und es sah schlecht aus. Richtig schlecht, und der im wahrsten Sinne Größte der Philister verhöhnte die israelitische Armee täglich. Es war demütigend. In dieser schwierigen Situation taucht der kleine David auf, drei seiner älteren Brüder gehören zur Armee. Er selbst ist noch zu jung. Aber nach einigem Hin und Her wird er zum König geladen und es ergibt sich folgende Situation:

„Mein König!", sagte David. „Lass dich von diesem Philister nicht einschüchtern! Ich werde mit ihm kämpfen." „Unmöglich! Das kannst du nicht", erwiderte Saul. „Du bist ja fast noch ein Kind, und er ist ein Mann, der von Jugend auf mit den Waffen umgeht!" „Mein König", sagte David, „als ich die Schafe meines Vaters hütete, kam es vor, dass ein Löwe oder Bär sich ein Tier von der Herde holen wollte. Dann lief ich ihm nach, schlug auf ihn ein und rettete das Opfer aus seinem Rachen. Wenn er sich wehrte und mich angriff, packte ich ihn an der Mähne und schlug ihn tot. Mit Löwen und Bären bin ich fertig geworden. Diesem unbeschnittenen Philister soll es nicht besser ergehen! Er wird dafür büßen, dass er das Heer des lebendigen Gottes verhöhnt hat! Der Herr hat mich vor den Krallen der Löwen und Bären geschützt, er wird mich auch vor diesem Philister beschützen!" „Gut", sagte Saul, „kämpfe mit ihm; der Herr wird dir beistehen!" Er gab ihm seine eigene Rüstung, zog ihm den Brustpanzer an und setzte ihm den bronzenen Helm auf. David hängte sich das Schwert um und machte ein paar Schritte. Doch er war es nicht gewohnt. „Ich kann darin nicht gehen", sagte er zu Saul, „ich habe noch nie eine Rüstung getragen." Er legte alles wieder ab und nahm seinen Hirtenstock. Im Bachbett suchte er fünf glatte Kieselsteine und steckte sie in seine Hirtentasche. In der Hand hielt er seine Schleuder; so ging er dem Philister entgegen.

6. Berufung – durch verschiedene Aspekte zur Gewissheit

Wir kennen das Ende: David gewinnt. Er schlägt den Riesen Goliath und damit die ganze Armee der Philister! Und das ohne die Rüstung, die ihm zunächst angeboten wird. Niemand hatte David auf der Rechnung, da er für diese kriegerische Auseinandersetzung eigentlich noch viel zu jung war. Aber David lässt sich nicht von seinem Vorhaben abbringen, sondern sein innerer Antrieb lässt ihn das Unvorstellbare erleben. Auch als ihm Ehre und Ruhm in Form der königlichen Rüstung und des königlichen Helms angeboten werden, verzichtet er darauf, um sein Ziel zu erreichen. Sein Antrieb ist es, Gott zu dienen, nicht den Menschen. Eine wunderbare Geschichte, bis heute, und es ergeben sich einige ganz praktische Fragen:

Wer bist du? Welche Kleidung (Rüstung) passt dir? Ziehst du Sachen an, die dir nicht passen? Die nicht für dich sind? In denen du dich nicht wohl fühlst? Musst du dich mit Erwartungen der Gemeinde, von Kollegen auseinandersetzen, die du nicht erfüllen kannst? David wurde die Rüstung gegeben. Klar, jeder, der kämpft, braucht eine Rüstung. Saul bot David seine Rüstung an, eine große Ehre für David, die königliche Rüstung tragen zu dürfen. Doch er war es nicht gewohnt, eine Rüstung zu tragen. Er war Hirte, war erprobt im Kampf gegen Löwen und Bären, musste beweglich sein. Er war kein Krieger wie Saul. Krieger tragen eine Rüstung! Und hinter einer Rüstung kann man sich gut verstecken. Das gibt scheinbar Sicherheit, auch wenn sie einen unbeweglich und steif macht. Aber was für eine Sicherheit ist das? Warum will ich mich hinter etwas verstecken? David legt die Rüstung wieder ab! Er streift seine Kleider wieder über. Er geht als David in den Kampf. Jung, hübsch und unerfahren, aber mit einem vertrauenden Herzen. Welche Kleider musst du ablegen? Welche Verhaltensweise, Sprache, Gesten, Handlungen? Und was musst du wieder anziehen? Was sind die Kleider, die zu dir passen?

6. Berufung – durch verschiedene Aspekte zur Gewissheit

Welche Rüstung passt zu dir?

Welche Kleider passen mir?

Was sind meine inneren Antreiber? Sind es die richtigen Antreiber?

Welche Erwartungen anderer lasten auf mir? Welche Erwartungen habe ich selbst an mich?

Welche Kleidung (Rüstung) passt mir? Ziehe ich mir Sachen an, die mir eigentlich nicht passen? Die nicht für mich sind? In denen ich mich nicht wohl fühle? Erwartungen in Beruf und Familie?

Meditation zu Psalm 23

Der Herr ist mein Hirte.
In Psalm 23 sagt David, was seine Kleider sind, wer ihn schützt.
Nicht meine Kraft.
Nicht mein Schutz.
Nicht mein Weg.
Nicht mein Name.
Nicht mein Mut.
Nicht meine Kraft.
Nicht meine Liebe.
NEIN. Gott ist es. Der Herr ist mein Hirte.
Ein Leben lang und sogar über den Tod hinaus.

Die Rüstung des anderen abzulegen und so zu sein, wie man ist, erfordert Mut. In Psalm 23 formuliert David sehr klar, dass es nicht nur Siege gibt. Er schlägt Goliath zwar, aber er weiß zugleich, dass das „finstere Tal" durchschritten werden muss. Nicht alle Goliaths links und rechts des Weges werden fallen. Und doch gilt: Gott ist da. Der Herr ist mein Hirte.

Fragen, die helfen können, über die eigene Berufung nachzudenken:

Für welches (höhere) Ziel lohnt es sich zu kämpfen?

Für was würdest du (fast) alles aufgeben?

Was würdest du am liebsten auf der Welt verändern?

7. Innere Hindernisse auf dem Weg zur eigenen Berufung

*Muss nur noch kurz die Welt retten,
danach flieg ich zu dir.
Noch 148 Mails checken,
wer weiß, was mir dann noch passiert,
denn es passiert so viel.
Muss nur noch kurz die Welt retten,
und gleich danach bin ich wieder bei dir.*

TIM BENDZKO

Am Anfang des Buches habe ich davon gesprochen, dass der Weg zur Berufung ein Prozess ist. Du bist mittendrin. Und wie fast immer, wenn man sich in solch einem Prozess befindet, gibt es auch so manches, was einen daran hindern kann, zu einer guten Entscheidung zu kommen. Dies ist natürlich wieder sehr individuell, und doch habe ich in den letzten Jahren einige Dinge beobachtet, die sich wiederholten. Ich will sie im Folgenden beschreiben.

7.1 Tur Tur und andere Hindernisse auf dem Weg zur eigenen Berufung

Berufung ist das beste Gegenmittel gegen die Todsünde der Trägheit.

OS GUINNESS

„Mittagsdämon" nannte man im Mittelalter die Zeit nach einem guten Mittagessen, wenn der Körper träge und mit Verdauen beschäftigt ist. Heute würde man vielleicht sagen, man hat einen „toten Punkt" erreicht. Auch in den meisten Berufungsprozessen gibt es einen Punkt, an dem man glaubt, dass es nicht mehr weiter geht, an dem man vielleicht schon eine Weile steht, weil die nächste Hürde unüberwindbar scheint. Das ist normal. Das gehört dazu. Nicht schön, aber so ist es im Leben. Interessant und wichtig ist nun die Frage, wie man damit umgeht. Benennt man die Hürden, die Herausforderung und lässt sich darauf ein, oder sucht man eher den Weg des geringsten Widerstands, lässt sich gehen, steckt den Kopf in den Sand? Bequemlichkeit, Angst vor Misserfolg (oder auch die Angst vor dem möglichen Erfolg), die Furcht davor, Menschen zu enttäuschen (Freunde, Eltern etc.), oder auch ein falsches Gottesbild sind nur einige Hürden, die es zu überspringen gilt.

Mein Mittagsdämon ist manchmal die Undankbarkeit. Ich nutze oft die vielen Ressourcen, die mir zur Verfügung stehen, nicht richtig. Angefangen bei meinen Begabungen, meiner Ausbildung, über meine Freunde oder meine Gemeinde bis hin zu den vielen Möglichkeiten, mir Wissen anzueignen (Bücher, Internet etc.). Ich bin ein verwöhnter westlicher Christ, der von allem eher zu viel als zu wenig hat. Das macht träge und Entscheidungen fallen mir schwer, weil ich zu viele Möglichkeiten habe. Nach dem zweiten Glas Wein hat ein Kollege in Südafrika mir einmal gesagt: „Weißt du, wie wir Südafrikaner euch Deutsche nennen?" Ich wusste es nicht und er sagte: „Jammerlappen!" Das war nicht sehr höflich und ich habe mich sehr darüber geärgert – vor allem, weil es stimmt. Ich möchte niemandem zu nahe treten und nicht von mir auf andere schließen, aber manchmal tun wir uns mit der Berufung auch so schwer, weil es uns so gut geht. Damit meine ich nicht, dass unsere Probleme nicht echt sind, sondern ich habe das Gefühl, dass wir manche Probleme größer machen, als sie wirklich sind. Dazu kommt mir eine meiner Lieblingsgeschichten in den Sinn.

Perspektivwechsel oder die Geschichte von Jim Knopf und Tur Tur, dem Scheinriesen

Eine meiner Lieblingssendungen ist „Jim Knopf und die Wilde Dreizehn" von der Augsburger Puppenkiste. In der Geschichte von Michael Ende gibt es allerlei Anspielungen auf das wirkliche Leben. In einer der schönsten Episoden verirren sich Jim Knopf, Lukas und die Lokomotive Emma in einer Wüste am Ende der Welt. In dieser Wüste sehen sie in der Ferne den schrecklichen Riesen Tur Tur. Alle haben Angst vor diesem Riesen. Aber eigentlich ist diese Angst unbegründet, denn je näher man ihm kommt, desto kleiner wird er. Herr Tur Tur ist ein sogenannter Scheinriese: Je weiter man sich von ihm entfernt, desto größer scheint er. Nur wer sich ganz nah an ihn heranwagt, erkennt, dass er genauso groß ist wie jeder normale Mensch. Weil sich das aber niemand traut, ist Herr Tur Tur sehr einsam. Die drei Abenteurer gehen in ihrer Verzweiflung auf Tur Tur zu, verlieren ihre Angst und gewinnen einen Freund, der ihnen aus der Gefahr hilft und sie aus der Wüste führt.

Diese Geschichte ist für mich wie ein Gleichnis. Gerade wenn ich mich in meinem Leben verlaufe, die Orientierung verliere, an meiner Berufung zweifle, dann erscheinen mir meine Ängste, Sorgen und Probleme immer größer. Ich weiche aus, gehe ihnen aus dem Weg und merke nicht, dass sie dadurch noch bedrohlicher und größer werden. Erst wenn ich auf sie zugehe werden sie kleiner. Sie verschwinden zwar nicht, aber sie schrumpfen zu einer realistischen Größe zusammen.

In der Geschichte geht es nicht darum, dass wir uns unsere Problem nur einbilden oder sie nicht wichtig sind, es geht darum, sie im richtigen Verhältnis zu sehen und sie nicht überzubewerten!

Quellen der Veränderung:

Eigene Ressourcen: Welche will ich nutzen?

Fremde Ressourcen: Welche will ich „anzapfen"?

Was hindert mich?

7.2 Lügen, die wir glauben

Der Himmel liegt nicht über uns, sondern vor uns als Aufgabe, als Möglichkeit, die schon hier in dieser Welt beginnt.

FRANZ KAMPHAUS

Neben der Einordnung unserer Hindernisse auf dem Weg zur eigenen Berufung habe ich die eigenen Gedanken als Problem ausgemacht. In der Selbstwahrnehmung können diese nämlich eine nicht zu unterschätzende Rolle einnehmen. Typische Beispiele wären:

„Das kann ich sowieso nicht!"
„Jemand anderes kann es sowieso besser!"
„Ich muss erst ganz sicher sein."
„Ich bin nicht gut genug für ..."
„Was werden die anderen denken?"
„Das habe ich noch nie gemacht."

Viele dieser Sätze können sich wie Widerhaken in unseren Köpfen festsetzen und dem eigenen Berufungsprozess im Weg stehen. Aber wir haben vorhin schon gehört, dass Gott sich durch solche Aussagen nicht aufhalten lässt. Und manchmal sind diese Sätze so fest in unseren Köpfen eingemeißelt, dass man gegen sie regelrecht ankämpfen muss. Dies ist zuweilen ein längerer Prozess, da die Ursachen oftmals tief in uns liegen. Hier ist das Navigationsbesteck wieder notwendig, um den eigenen „Denkkurs" zu verändern. Zwei Vorschläge habe ich dazu.

Eine Fremdwahrnehmung einholen

Frage eine Person deines Vertrauens, was sie über dich denkt. Dann vergleiche deine eigene Wahrnehmung mit der Fremdwahrnehmung und überlege, wo sie übereinstimmen und wo sie voneinander abweichen.

Am besten besprichst und vergleichst du mit der Person deines Vertrauens die unterschiedlichen Wahrnehmungen. Vielleicht kommst du so manchen Lügen auf die Spur, die du bisher für wahr gehalten hast.

Die zweite Übung schaut zurück auf das eigene Leben und ist vielleicht gerade deshalb so gut geeignet, die „Lügen unseres Lebens" zu entlarven.

Dein 90ster Geburtstag

Angenommen heute wäre dein 90ster Geburtstag. Du hast alle lieben Freunde, Bekannten, Kollegen und Familienmitglieder eingeladen. Wo würdest du diesen Tag gerne feiern? Wie würde die Location aussehen? Was für Musik wäre zu hören? Worüber würde man sich unterhalten?

Zum Höhepunkt der Feier hält ein lieber Freund dir zu Ehren eine Ansprache. Darin bringt er zum Ausdruck, was er an dir schätzt, was an dir besonders ist. Was würde er sagen?

7.3 Eine kurze Geschichte voller Widerstände und einem erstaunlichen Ende

Hoffnung ist die Fähigkeit, die Musik der Zukunft zu hören. Glaube ist der Mut, in der Gegenwart danach zu tanzen. PETER KUZMIC

Wir haben bisher festgestellt, dass Berufungen ganz unterschiedlich erlebt werden können. Genauso unterschiedlich sind auch die Widerhaken, die uns dabei begegnen können. Manchmal scheinen sie uns so groß, dass wir sie für unüberwindbar halten. Manchmal scheint nur ein Wunder zu helfen. Mit dieser Einstellung stehen wir nicht alleine da, selbst die Nachfolger Jesu vor 2000 Jahren hatten schon ähnliche Probleme.

Das Wunder geschieht in deinen Händen oder *Bei Jesus kommst du nicht zu kurz*

Nachfolger Jesu zu sein, ist manchmal gar nicht so einfach. Nicht damals und nicht heute. Das erlebten auch die Jünger Jesu in Matthäus 14,13-21 (die Geschichte von der Brotvermehrung). Die Menschen waren begeistert von Jesus und Tausende waren gekommen, haben ihm zugehört und konnten nicht genug von diesem charismatischen Leiter bekommen. Alle Versuche, den Menschenmassen zu entkommen, scheiterten oft kläglich. Das Ganze glich einem Hase-und-Igel-Spiel. Kaum waren Jesus und seine Jünger mit dem Boot auf die andere Seite des Sees gefahren, waren die Menschenmassen schon da und verlangten nach mehr Lehre und Wundern. Kamen die Jünger dabei mitunter zu kurz? Jesus achtete scheinbar mehr auf die Menschenmenge als auf das Wohl seiner Jünger.

Jesus hatte Mitleid mit der geistlichen und körperlichen Not der Menschen! Und dieses Mitleid war größer als das Mitleid mit seinen erschöpften Jüngern. Die mussten nämlich lernen, dass Jesus sie manchmal über die Maßen herausforderte, um sein Reich zu bauen. Eigentlich hätten sie eine Pause gebraucht, aber dies war eine besondere Situation. Jesus predigte, bis es Abend war! Und alle blieben. Das ist der Traum eines jeden Predigers: Stundenlang predigen und alle hören gebannt zu! Lukas ergänzt, dass er alle heilte, die zu ihm kamen! Heilung und Lehre gehören bei Jesus zusammen. Die Jünger dagegen waren am Ende und wollten ihre Ruhe. Sie meinten, die Leute hätten Hunger und wollten nach Hause. Deshalb drängten sie Jesus, sie nach Hause zu schicken. Aber anstatt Verständnis für ihr Anliegen zu haben, fordert er sie heraus: Gebt doch ihr ihnen zu essen! Was für ein Satz! Mehr als 5000 Menschen und kein Laden in der Nähe. Die Jünger reagierten total menschlich: „Wir sollen so vielen zu essen geben? Das geht doch gar nicht! Da bräuchten wir ja ungefähr einen halben Jahreslohn! Völlig verrückt. Und das weißt du doch ganz genau, Jesus!"

Ja, Jesus weiß das, und trotzdem forderte er von ihnen das Unmögliche. Jesus kennt auch unsere Situation und möchte trotzdem mit uns darüber reden. Er möchte unsere menschlichen Planungsmöglichkeiten und Denkmuster hinterfragen. Er möchte uns herausführen, unseren Horizont weiten. Wenn wir unsere Berufung finden wollen, dann kann Jesus das scheinbar Undenkbare verlangen. Die richtige Antwort darauf ist, ihm das zu geben, was wir haben, und wenn es nur fünf Brote und zwei Fische sind. So jedenfalls machten es die Jünger. Lächerlich, könnte man meinen. Das würde ja nicht mal für Jesus und seine Begleiter reichen, geschweige denn für 5000 Menschen! Aber sie gaben trotzdem alles, legten, was an Essensvorräten da war, in die Waagschale!

Berufung fängt manchmal damit an, dass ich Gott das gebe, was ich bin und habe, und ihn dann bitte, etwas daraus zu machen. Aber die Geschichte geht noch weiter! Jetzt ging es erst so richtig los! Jesus nahm das Essen, dankte und gab es den Jüngern wieder zurück. Sie sollten es austeilen! Sichtbar hatte sich noch nichts verändert! Immer noch waren da nur fünf mickrige Brote und zwei Fische. Jetzt war wirklich ihr Glaube gefragt. Und dafür bewundere ich sie. Sie standen auf, gingen zu Jesus und begannen damit, das gebrochene Brot auszuteilen. Und das Wunder geschah – in ihren Händen. Die Brotvermehrung! Brot und Fisch wurden weitergegeben, bis alle genug hatten! Jesus verlangte das Wunder nicht von seinen Jüngern! Ihr Part war es, gehorsam zu sein, seinen Worten Folge zu leisten. Wie oft denken wir, wir müssten selbst das Wunder tun. Als läge es allein an uns, an unserer Kraft, an unserer Motivation, an unserem Eifer. Nein – unsere Aufgabe besteht lediglich darin, Gott zu vertrauen, uns ihm ganz hinzugeben, Jesus gehorsam zu sein.

Wie oft denke ich: Jesus muss ein Wunder tun, und wenn er es getan hat, dann kann ich auch glauben! Aber so ist es nicht! Jesus tut das Wunder, noch während die Jünger gehorsam sind!

Wenn ich Jesus nachfolge, dann bedeutet das Gehorsam. Es bedeutet auch, falsche Erwartungen an Gott, mein falsches Bild von Jesus loszulassen, vielleicht sogar von manchen materiellen Wünschen Abschied zu nehmen, die meinem Glauben im Weg stehen. Ich kann und muss nicht mehr jedem Trend hinterherlaufen, aber ich komme trotzdem nicht zu kurz! Weil die Jünger gehorsam waren, wurden alle satt. Und dann forderte Jesus sie auf, die Reste einzusammeln. Zwölf Körbe blieben übrig – für jeden Jünger ein Korb! Ihr Vertrauen wurde belohnt. Jesus ist fantastisch. Er hat seine Jünger nicht vergessen und gab ihnen mehr, als sie brauchten. Auch wir sind heute herausgefordert Jesus zu vertrauen, ihm gehorsam zu sein. Dann können wir auch wie die Jünger damals erleben, wie das Wunder in unseren Händen geschieht.

Wenn das Unmögliche mit dem Realistischen startet

Wo denke ich, dass das, was ich bin und habe, für Gott nicht reicht? Was sind meine „fünf Brote und zwei Fische", die ich ihm geben kann?

Wo erwarte ich ein „Wunder" von mir, statt einfach den ersten Schritt zu machen?

Warum habe ich Angst bei Gott zu kurz zu kommen?

7. Innere Hindernisse auf dem Weg zur eigenen Berufung

Im folgenden Punkt soll die Problematik von den inneren Widersachern noch einmal erweitert werden. Wir wollen uns die Frage stellen, was eigentlich passiert, wenn das Leben die eigene Berufung sabotiert. Wenn eigentlich meine Berufung klar war, wenn alles super lief und mir dann plötzlich das Leben einen Strich durch die Berufung macht. Wie gehe ich damit um? Wird dadurch alles infrage gestellt? Mein Freund Gofi Müller hat genau das erlebt, und ich danke ihm herzlich, dass er seine Erfahrungen auf den nächsten Seiten mit uns teilt.

Gofi Müller: Literaturwissenschaftler, Evangelist, Hausmann, Künstler

7. Innere Hindernisse auf dem Weg zur eigenen Berufung

Meine Berufungsgeschichte:

Wenn das Leben die Berufung sabotiert GOFI MÜLLER

Ende 2005 stand ich an unserem Schlafzimmerfenster und blickte über das Tal. Unsere Wohnung befand sich mitten in der Marburger Oberstadt, direkt unterhalb des Schlosses. Vor hier aus hatte ich einen herrlichen Blick bis hinüber zu den Hochhäusern des Richtsbergs. Aber meine Stimmung war schlecht. Schon seit einem halben Jahr wussten wir, dass mit unserem ältesten Sohn etwas nicht stimmte. Er war knapp drei Jahre alt, und der Kinderarzt hatte eine Verdachtsdiagnose erstellt: Autismus. Spätestens jetzt war uns klar, dass unser Leben anders verlaufen würde, als wir uns das vorgestellt hatten. „Wieso wirfst du mir Steine in den Weg?", betete ich verzweifelt. „Gott, du machst hier gerade einen strategischen Fehler. Ich steh kurz vor meinem Durchbruch. Alles läuft super. Ich dachte immer, das ist genau das, was du von mir willst. Aber du hilfst mir ja gar nicht. Im Gegenteil: Du sabotierst mich! Was soll das?"

Zu diesem Zeitpunkt war ich Jugendevangelist und der festen Überzeugung, dass dies und nur dies mein Weg war. Ich reiste kreuz und quer durchs Land, sprach auf vielen großen und kleinen Veranstaltungen, und alles deutete darauf hin, dass das nur der Anfang war. Die Diagnose, an deren Richtigkeit wir keinen Zweifel hatten, veränderte meinen Blick. Nichts war mehr klar. Alles war offen.

Ich erinnerte mich zurück an den Moment, als ich in einem winzigen Ort in Südfrankreich in der Sonne saß, Bibel las und plötzlich den Eindruck hatte, ich wüsste, was Gott von mir wollte. „Gott", hatte ich damals gebetet, „ich habe vielleicht keine besonders großen Fähigkeiten. Aber du hast alle Möglichkeiten. Deshalb bitte ich dich: Mach mich zu einem Leiter der nachfolgenden Generation." Ich hatte ein Jahr lang ziemlich erfolgreich Jugendarbeit in Bielefeld gemacht. An der dortigen Uni studierte ich Literaturwissenschaften, um später Journalist zu werden. Aber der Wunsch, vollzeitlich für Jesus zu arbeiten, war immer stärker geworden, bis sich schließlich mein Berufsziel änderte: Ich wollte Jugendliche für Jesus gewinnen.

Augenscheinlich hatte Gott mein Gebet erhört. Ich bekam das Angebot, als Evangelist bei einem jugendmissionarischen Projekt einzusteigen. Und nur wenig später stand ich regelmäßig vor Hunderten, manchmal Tausenden von jungen Leuten und predigte. Es lief gut. Menschen wurden nach meinen Predigten Christen. Ich schrieb Bücher, Zeitschriftenartikel, hielt Seminare. Meine Meinung war gefragt. Kein Zweifel war möglich, Gott hatte sich zu meinem Weg gestellt. Doch dann veränderte sich alles.

Auch nachdem die Autismus-Diagnose durch Fachleute bestätigt worden war, versuchte ich, meinen Lebens- und Arbeitsstil beizubehalten. Ich reiste, predigte, arbeitete, als wäre nichts passiert. Was sollte ich auch sonst tun? Dies war mein Beruf, mehr noch: Dies war meine Berufung. Gott hatte mich beauftragt, wie konnte ich da einfach aufhören und mich nach etwas Neuem umsehen? Doch die Zeichen mehrten sich, dass sowohl ich als auch meine Familie auf einen Crash zusteuerte. Immer wenn ich unterwegs war, litt ich unter einem schlechten Gewissen, weil ich wusste, dass meine Familie mich dringend brauchte. Wenn ich dann zu Hause war, ging es mir nicht besser. Auch hier hatte ich ein schlechtes Gewissen, denn jetzt glaubte ich, dass ich wieder raus musste, um meiner Berufung nachzukommen. Die Spannung wurde immer unerträglicher. Ich war erschöpft. Meiner Frau ging es mies. Als schließlich auch bei unserem zweiten Sohn eine autistische Störung festgestellt wurde, war ich am Ende

7. Innere Hindernisse auf dem Weg zur eigenen Berufung

meiner Weisheit. Es war völlig klar, dass es so nicht weitergehen konnte. Aber wie dann?

Nachdem weitere Jahre des Kämpfens und Grübelns vergangen waren, trafen meine Frau und ich gemeinsam die Entscheidung: Ich würde aus meinem Beruf aussteigen und sie würde unseren Unterhalt verdienen. Weil sich der Plan nicht sofort in die Tat umsetzen ließ, blieben mir zwei weitere Jahre, in denen ich unseren Entschluss immer wieder überprüfen und in denen ich Abschieds- und Trauerarbeit leisten konnte. Das ist nicht übertrieben. „Trauer" ist ein zutreffender Begriff für das, was ich empfand. Schließlich hatte ich unglaublich viel Zeit und Kraft in etwas investiert, das man im normalen Berufsleben als Karriere bezeichnen würde. Ich hatte mir etwas aufgebaut. Jetzt gab ich es Stück für Stück aus der Hand. Gott schien diesen Weg durch verschiedene Eindrücke und Impulse zu bestätigen. Immerhin, das machte es leichter. Und deshalb empfand ich auch Erleichterung, dass ich den unerträglichen Gewissenskonflikt endlich loswerden durfte.

Heute befinde ich mich nach zwei Jahren der Auszeit (wenn man es so nennen will), in der ich Hausmann war und mich um meine Familie kümmerte, auf dem Weg zurück ins berufliche Leben. Mein Literaturstudium hatte ich damals als einen Ausrutscher in meiner Biografie verstanden, als einen Umweg, den Gott mit mir gehen musste, um mich an mein eigentliches Ziel zu führen. Heute sehe ich das ganz anders. Ich habe mich als Künstler und Publizist selbständig gemacht und zehre jetzt von dem Know-how, das ich mir während meiner Ausbildung angeeignet habe. Mein Eindruck ist: Gott möchte, dass ich mehr darüber erfahre, welche Rolle die Künste in Verbindung mit unserem Christsein spielen können und sollen. Allerdings habe ich es mir abgewöhnt, von einer „Berufung" zu sprechen. Ich bin mir sicher, dass Gott eine sehr genaue Vorstellung davon hat, wozu er mich berufen, oder sagen wir besser, beauftragt hat. Ich selbst erlaube mir da lieber keine so klare Aussage. Ich kann nur mit der Gewissheit aufwarten, dass unser Leben gewisse Phasen durchläuft und dass jede Phase einen eigenen Schwerpunkt hat. Dass ich auf der Baustelle, auf der ich mich gerade zu schaffen mache, richtig bin, daran habe ich keinen Zweifel. Bis auf Weiteres.

GOTTFRIED ‚GOFI' MÜLLER, geb. 1970 in Bremen, ist Künstler und Publizist und lebt mit seiner Familie in Marburg an der Lahn. Nähere Informationen über ihn und seine aktuellen Projekte unter www.gofi-mueller.de.

7. Innere Hindernisse auf dem Weg zur eigenen Berufung

Gottfried Müller: *Heiligwerden für Anfänger.* Brunnen Verlag.

James Smith und Richard Foster: *Dass Gott mich wirklich liebt. Mit dem Herzen glauben.* R. Brockhaus Verlag.

8. Wenn die Berufung die eigene Geschichte weiterschreibt

Es liegt im Stillesein eine wunderbare Macht der Klärung, der Reinigung, der Sammlung auf das Wesentliche.

DIETRICH BONHOEFFER

Jetzt sind wir fast am Ende des Buches. Wenn ich an so manche Berufungsprozesse denke, dann ist es hilfreich, sich etwas Ruhe zu gönnen und eine Auszeit zu nehmen, um Abstand zu gewinnen. Die Stille ist eine wunderbare Macht der Klärung und der Sammlung auf das Wesentliche, so jedenfalls formulierte es Bonhoeffer. Vielleicht können sich dadurch all die aufgewühlten Gedanken setzen und man kann wieder klarer sehen. Dieses letzte Kapitel soll durch einige praktische Übungen dabei helfen, das bisher Erkannte zu reflektieren.

Anfangen wollen wir mit einer Zeit der Stille und des Gebets, in der du all deine Gedanken und bisherigen Ergebnisse vor Gott bringen kannst.

Mein Gebet

Schreibe nach einer Zeit der Stille dein Gebet auf:

Henri J. M. Nouwen. *Ich hörte auf die Stille. Sieben Monate im Trappistenkloster.* Herder Verlag.

8.1 Die ersten Schritte gehen, das heißt jetzt konkret?

Sei du selbst die Veränderung, die du dir wünschst für diese Welt.

MAHATMA GANDHI

Veränderungen beginnen immer mit dem ersten Schritt. Das ist einfach gesagt, und doch ist der erste Schritt oftmals der herausforderndste. Gerade wenn man das Ziel noch nicht vor Augen hat, wenn man sich bei der „inneren Stimme" unsicher ist und selbstkritisch fragt: „Was ist meine Berufung?" Genau dann ist es manchmal gut, einen Schritt in eine Richtung zu machen, auch wenn die ganz große Gewissheit, das Richtige zu tun, noch fehlt. Manche Dinge klären sich erst im Gehen. Außerdem kann man die meisten Entscheidungen auch wieder rückgängig machen.

Welche Veränderungen auf dem Weg zu meiner Berufung sind nötig

Welche Veränderungen kann ich selbst vornehmen? Welche Umstände kann ich nicht verändern?

Wofür will ich meine Energie einsetzen?

Wer kann mir dabei behilflich sein?

Im Folgenden sollen einige praktische Entscheidungshilfen gegeben werden. In einer Multioptionsgesellschaft ist es nun einmal so, dass man sich automatisch *gegen* zehn oder hundert Möglichkeiten entscheidet, wenn man sich *für* eine entscheidet. Dies macht den Entscheidungsprozess oftmals so herausfordernd.

Das 1x1 der Entscheidungsfindung

1. Schätze ab, wie wichtig und dringlich deine Entscheidung überhaupt ist.
Überlege dir, wie wichtig die zu treffende Entscheidung ist, was für eine Rolle sie in deinem Leben spielt und welche Auswirkungen sie auf die Zukunft hat. Wenn die Auswirkungen eher nicht so groß sind, entscheide schnell! Verschwende nicht zu viel Kraft und Zeit für „unwichtige" oder nebensächliche Entscheidungen.

2. Hole alle notwendigen Informationen ein und werde dir klar über die Hintergründe.
Lass dir bei der Informationssuche helfen! Such einen Berater auf, recherchiere im Internet, frag Menschen, die mit der Thematik vertraut sind (Freunde, Eltern).

3. Liste alle Möglichkeiten auf.
Führe alle Möglichkeiten auf, die dir offen stehen, auch die eher unwahrscheinlichen. Schreibe genau auf, was für (pro) und was gegen (contra) die einzelnen Möglichkeiten spricht, die du hast.

4. Verfalle nicht ins Grübeln.
In der Zeit, die bis zur Entscheidung verbleibt, solltest du nicht permanent darüber grübeln, sonst wirst du von deinen eigenen

Gedanken fertiggemacht und du verbrauchst so viel Energie, dass du bald überhaupt keine Entscheidung mehr treffen kannst!

5. Suche nach weiteren Möglichkeiten.

Gibt es vielleicht noch Möglichkeiten, die du bisher übersehen hast? Geh nochmals deine Pro-und-Contra-Liste durch. Sei ganz ehrlich zu dir selbst. Überdenke deine Ausgangsposition. Manchmal vergisst du, worum es eigentlich bei der Entscheidung geht, weil du dir so viele Gedanken gemacht hast. Versuche deine Entscheidung in einem Satz zusammenzufassen.

6. Höre auf deine innere Stimme.

Eine Entscheidung nur nach rationalen Gesichtspunkten zu treffen, ist sehr einseitig. Manchmal stellt sich diese Entscheidung später als falsch heraus. Unser Unterbewusstsein verfügt über wesentlich umfangreichere Erfahrungen, als wir manchmal denken. Nutze diese Erfahrung, indem du auf dein „Bauchgefühl" hörst. Versuche deine Gefühle zu formulieren und aufzuschreiben oder sie jemandem zu erzählen. Dadurch ordnest du sie und kannst sie „sichtbar" machen. Sonst bleiben deine Gefühle nur ein komischer Klumpen im Bauch, der dich nur verunsichert.

7. Schiebe Entscheidungen nicht unnötig hinaus.

Gerade bei wichtigen Entscheidungen haben wir manchmal das Gefühl, dass uns die Zeit davonläuft, wir noch keine Sicherheit haben und deshalb die Entscheidung hinauszögern wollen. Manchmal ist das auch gut, aber nicht immer. Hinauszögern bringt oftmals keine Lösung, sondern verschiebt das Problem nur zeitlich!

8. Triff eine wichtige Entscheidung nie spontan.
Steht eine Entscheidung an, dann nimm dir Zeit dafür und schlaf mindestens eine Nacht darüber. So hat auch das Unterbewusste eine Chance, seinen Teil beizutragen. Sprich außerdem mit einer Person deines Vertrauens über dein Ergebnis.

9. Du musst entscheiden.
Lass dich bei deinen Entscheidungen nicht manipulieren und wälze Entscheidungen, die du treffen musst, nicht auf andere ab. Gerade bei schwierigen Entscheidungen neigen wir leicht dazu. Jeder ist für sein Leben selbst verantwortlich; selbst wenn du einmal falsch entscheidest, ist das besser, als gar nicht zu entscheiden.

10. Steh zu deiner Entscheidung.
Wenn du dich entschieden hast, dann steh dazu. Hak das Thema ab und lass dich durch kritische Rückfragen anderer nicht gleich wieder verunsichern!

Erste Schritte

Welche Entscheidungen schiebe ich vor mir her?

Welchen konkreten Schritt möchte ich als nächsten gehen?

Vielleicht hast du die konkreten nächsten Schritte ausgefüllt und kannst dann schmunzelnd über das nächste Tagebuch hinweggehen. Es ist für all diejenigen gedacht, denen es ähnlich geht wie mir, die sehr schnell Gründe und Ausreden finden, warum sie konkrete Schritte lieber vor sich herschieben.

8.2 Berufung und Ethik: Warum sich manchmal Scheitern lohnt

Die teuflische Strategie des Stolzes ist, dass er uns angreift nicht an unseren schwächsten Punkten, sondern an unseren stärksten. Er ist in erster Linie die Sünde der edlen Gesinnung.

DOROTHY SAYERS

Gibt es so etwas wie eine „Ethik der Berufung"? Ich bin mir nicht sicher, aber ich weiß, dass unsere Moralvorstellungen und Werte eng mit unserer Berufung zusammenhängen. Das, was uns wichtig ist, davon lassen wir uns leiten und manchmal auch verführen. G. K. Chesterton schreibt dazu passend: „Wenn es heutzutage etwas gibt, das schlimmer ist als die Abschwächung von wichtigen Moralvorstellungen, dann die Stärkung von unbedeutenden Moralvorstellungen." Im Trubel der Zeit und in dem Entscheidungszwang der Optionsgesellschaft verwechseln wir manchmal das, was wirklich wichtig ist, mit dem, was nicht so wichtig ist, und lassen uns vom schleichenden Gift der Konsumgesellschaft lähmen. Wir merken nicht, wie die Werte, über die wir eben noch geschimpft haben, durch die Hintertür bei uns schon Platz genommen haben. Ich will diesen Gedanken an einem Beispiel verdeutlichen:

Auf die Frage „Wie war es im Gottesdienst" bekomme ich häufig die Antwort, dass der Gottesdienst dann gut war, wenn die Predigt in die eigene Theologie passte, die Anbetung die Sinne berührte und man hinterher noch mit netten Menschen Kaffee trinken konnte. Ich frage mich, ob dies der Sinn und Zweck eines Gottesdienstes ist. Wohl eher nicht. Hier werden die Maßstäbe einer individualisierten Konsumgesellschaft sichtbar, über die man eben noch geschimpft hat und die einem durch die Hinter-

8. Wenn die Berufung die eigene Geschichte weiter schreibt

tür die eigenen Vorstellungen dessen, was man für richtig und falsch hält, durcheinanderbringen. Ich merke selbst, wie schnell ich in der Gefahr stehe, mir Situationen und Argumente zurechtzurücken, aber gerade bei dem Thema Berufung ist es wichtig, ehrlich zu sich selbst zu sein und die eigenen Motive des Denkens und Handelns kritisch zu hinterfragen. Dies tut zwar manchmal weh, ist aber enorm heilsam.

»Ich finde, er macht das ganz gut da vorne.«

8. Wenn die Berufung die eigene Geschichte weiter schreibt

Berufung und Scheitern

Vielleicht müssen wir manchmal erst mit unseren Gedanken und Träumen scheitern, damit wieder Platz für Neues entsteht. Das wünscht man natürlich niemandem, aber ich merke, dass manche Gedanken sich schon so verfestigt haben, dass eine Veränderung schwer ist. Berufung scheitert auch deshalb oft, weil wir das in den Mittelpunkt unseres Denkens stellen, was wir nicht haben oder können. Die Sehnsucht danach wird unausweichlich zur Versuchung, dem Neid zu erliegen! Die Kehrseite der Berufung ist die Versuchung, das zu sein, was man nicht ist. Der Theologe und Mystiker Meister Eckhart sagte treffend: „Wer werden will, was er sein sollte, der muss lassen, was er jetzt ist." Manchmal helfen Krisen beim Loslassen alter Muster und Gedanken. Das ist nicht gerade der schönste Weg, aber manchmal kommt man nur auf diesem ans Ziel.

Dann noch ein Gedanke, der mir wichtig ist: Berufung schützt nicht vor Scheitern! Manche Berufungsbücher vermitteln den Eindruck, dass wir nur alle Kraft einsetzen müssen, um unsere Berufung zu finden, und dann wird alles gut in unserem Leben. Und dann liest man die Erfolgsgeschichten von berühmten Menschen wie William Wilberforce oder Steve Jobs. Ich habe auf solche Storys verzichtet, nicht weil ich sie nicht auch beeindruckend finde, sondern weil dadurch (unbewusst) suggeriert wird, dass das Leben durch die richtige Berufung immer besonders wird und wunderbar funktioniert. Wir haben an einigen Beispielen der Bibel und auch an Gofi Müllers ehrlichem Bericht gesehen, dass auch mit der eigenen Berufung nicht immer alles glattläuft. Wie viele Menschen haben ihre Berufung gefunden und sind trotzdem in Schwierigkeiten gekommen oder sind an ihrer eigenen Berufung gescheitert. Deswegen bin ich so dankbar, dass Gottes Gnade und Liebe größer sind als all unsere Vorstellungen. Sie begleiten mich auch durch solche Situationen.

Vielleicht mag ich deshalb die sogenannten „Seligpreisungen" (Matthäus 5) von Jesus in der Bergpredigt so sehr, weil darin manche unserer Vorstellungen auf den Kopf gestellt werden.

Zu Beginn des Buches hab ich darüber geschrieben, dass es bei Berufung nicht um Perfektion, nicht um den Weg zu einem erfolgreichen Leben geht, sondern um Beziehungen und ein gelingendes Leben. Und immer wieder ziehen mich Gedanken und Ausreden davon weg. Aber ich bin da nicht allein, das hat wohl Tradition.

Kursprotokoll: „Neulich, als Jesus lehrte ..."

Als Jesus die Volksmengen sah, stieg er auf den Berg, und als er sich gesetzt hatte, traten seine Jünger zu ihm und er lehrte sie.

- Glückselig die Armen im Geiste
- glückselig die Trauernden
- glückselig die Sanftmütigen
- glückselig, die nach der Gerechtigkeit hungern und dürsten
- glückselig die Barmherzigen
- glückselig, die reinen Herzens sind
- glückselig die Friedensstifter
- glückselig die um Gerechtigkeit willen Verfolgten
- selig sind die Armen

Darauf sagte Simon Petrus: „Herr, was gilt mir?"
Und Andreas fragte: „Was heißt in diesem Zusammenhang eigentlich ‚reines Herzens'?"
Und Jakobus meinte: „Ist das alles gleich wichtig?"
Und Matthäus sagte: „Aber gerecht ist das dann nicht?"
Und Jakobus entgegnete: „Wie, auch die Armen?"

8. Wenn die Berufung die eigene Geschichte weiter schreibt

Und Philippus sagte: „Ohne Bekehrung?"
Und Judas Ischariot fragte: „Wie viele Punkte gibt es im Himmel dafür?"
Und der andere Johannes sagte: „Ich fühle mich nicht gut dabei."
Und Simon sagte: „So wird das nichts mit der Revolution!"
Und Thaddäus bemerkte: „Wir allein können eh nichts ausrichten."
Und Bartholomäus fragte: „Was hat das mit meinem Leben zu tun?"
Und Thomas sagte: „Mir ist das alles zu viel …"
Und einer der nahe stehenden Pharisäer fragte Jesus nach seinem Lehrplan mit der Frage: „Was sind die affektiven und kognitiven Lernziele dieser Stunde?"
Und ein Schriftgelehrter fragte: „Ist das überhaupt bibeltreu?"
Und Jesus weinte …

Meine Ausreden

Was sind meine Ausreden und Einwände auf das, was mir eigentlich klar ist?

Wo habe ich schon erlebt, dass sich ein „Scheitern" im Nachhinein als etwas Gutes herausgestellt hat?

WG: Crist. Sachbuch		9,95
978-3-86827-4M-0 U::		
Ausl: Francke 33/4M		
Autor: Tobias Faix		
Titel: Logbuch Berufung		
Verlag: Francke		

3x 2c 09 20 13

8.3 Losgehen, auch wenn man noch nicht das Ende sieht

Seht doch auf eure Berufung, Brüder und Schwestern!
                                    PAULUS IN 1. KORINTHER 1,16

Berufung ist ein Prozess, dieser Gedanke zieht sich wie ein roter Faden durch das ganze Buch. Wer der eigenen Berufung auf der Spur ist, dem beantworten sich nicht sofort alle Fragen. Und man sieht auch nicht gleich alles ganz klar. Es gibt eine schöne Geschichte in der Bibel, die dies sehr gut beschreibt.

Menschen wie Bäume

Die Geschichte steht in Markus 8,22-25 und handelt von einem Blinden, der zu Jesus gebracht wurde:

Als sie nach Betsaida kamen, brachten die Leute einen Blinden und baten Jesus, den Mann zu berühren. Jesus nahm ihn bei der Hand und führte ihn aus dem Ort hinaus. Er spuckte ihm in die Augen, legte ihm die Hände auf und fragte: „Kannst du etwas erkennen?" Der Blinde blickte auf und sagte: „Ja, ich sehe die Menschen; sie sehen aus wie wandelnde Bäume." Noch einmal legte ihm Jesus die Hände auf die Augen. Danach blickte der Mann wieder auf – und war geheilt. Er konnte jetzt alles ganz deutlich erkennen.

Mir geht es manchmal auch so beim Thema Berufung. Ich bitte Jesus, mir den klaren Blick zu geben, damit ich mir meiner Berufung endlich ganz sicher bin, ich ringe und bete, und dann wird es klarer, aber noch kann ich nicht alles erkennen. Mir macht es Mut, dass Jesus dem Blinden noch einmal die Hände auflegt und er dann klar sehen kann. Berufung heißt klarer sehen, auch wenn nicht schlagartig alles klar wird.

Was mir über meine Berufung wichtig geworden ist.

Welches Bild habe ich von meiner Berufung: Sehe ich noch verschwommen oder schon klar?

Mit wem möchte ich über meine Berufung reden?

Umsetzung in Etappen

Für was möchte ich in fünf Jahren „bekannt" sein?

Welche konkreten Schritte, die mir beim Lesen klargeworden sind, sollte ich jetzt in die Praxis umsetzen?

8. Wenn die Berufung die eigene Geschichte weiter schreibt

Wir haben in diesem Buch mit einem Zitat von Donald Miller begonnen, wie die Berufung die eigene Geschichte verbessern kann. Mit diesem Zitat möchte ich auch schließen, in der Hoffnung, dass deine Geschichte durch dieses Buch auch etwas heller leuchtet:

Wir leben in einer Welt, in der schlechte Geschichten erzählt werden; Geschichten, die uns weismachen, das Leben habe keine Bedeutung, und das Menschsein habe kein großes Ziel. Darum ist es eine gute Berufung, eine bessere Geschichte zu erzählen. Wie hell eine bessere Geschichte leuchtet! Wie leicht zieht sie die staunenden Augen der Welt auf sich.

8. Wenn die Berufung die eigene Geschichte weiter schreibt

Male und schreibe deinen Traum vom Leben

Was hat dein Traum mit deiner Berufung zu tun?

Vergleiche das Ergebnis jetzt mit der ersten Übung auf S. 23.

Er öffne euch

die Augen des Herzens,

damit ihr seht,

wozu ihr berufen seid,

worauf ihr hoffen könnt

und wie reich das Geschenk

seiner Herrlichkeit für jene ist,

die an Christus glauben.

PAULUS

Weiterführende Literatur

Jörg Berger: *Lebensziel Berufung. Den eigenen Weg finden in einer Welt der Beliebigkeit.* Verlag der Francke-Buchhandlung.

Werner Berschneider: *Die Chance sinnerfüllt zu leben und zu führen.* Präsenz Signum Verlag.

Petra Bock: *Die Kunst seine Berufung zu finden.* Fischer Verlag.

Dietrich Bonhoeffer: *Nachfolge.* Chr. Kaiser Verlag.

Tobias Faix: *Würde Jesus bei Ikea einkaufen? Herausforderung zur ganzheitlichen Nachfolge.* Neufeld Verlag.

Tobias Faix: *Mentoring – Das Praxisbuch. Ganzheitliche Begleitung von Glaube und Leben.* Neukirchener Verlag.

Paul Ch. Donders, Peter Essler: *Berufung als Lebensstil. Aufbrechen in ein wertvolles Leben.* Vier-Türme-Verlag.

Ulrich Feeser-Lichterfeld: *Berufung. Eine praktisch-theologische Studie zur Revitalisierung einer pastoralen Grunddimension.* LIT Verlag.

Friedbert Gay: *Das persolog Persönlichkeits-Profil. Persönliche Stärke ist kein Zufall.* Mit Fragebogen zur Selbstauswertung. Gabal Verlag.

Romano Guardini: *Die Lebensalter. Ihre ethische und pädagogische Bedeutung.* Topos Taschenbücher.

Os Guinness: *Von Gott berufen – aber zu was? Wissen, für was es sich zu leben lohnt.* Hänssler Verlag.

Angelika Gulder: *Finde den Job, der dich glücklich macht. Von der Berufung zum Beruf.* Campus Verlag.

Michaela Kast, Klaus Göttler: *Explore! Entdecke deine Berufung.* Band 1 und 2. Born-Verlag.

Weiterführende Literatur

Esther Maria Magnis: *Gott braucht dich nicht. Eine Bekehrung.* Rowohlt Verlag.

Richard David Precht: *Wer bin ich – und wenn ja wie viele.* Goldmann Verlag.

Lothar Seiwert, Friedbert Gay: *Das neue 1x1 der Persönlichkeit.* Graefe und Unzer Verlag.

Birgit Schilling: *Berufung finden und leben. Lebensplanung für Frauen.* SCM Brockhaus Verlag.

Christian A. Schwarz: *Die 3 Farben deiner Gaben. Wie jeder Christ seine geistlichen Gaben entdecken und entfalten kann.* C & P Verlag.

James Smith, Richard Foster: *Dass Gott mich wirklich liebt. Mit dem Herzen glauben.* R. Brockhaus Verlag.

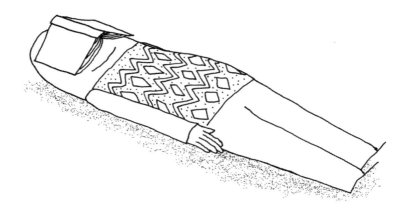

Weitere Titel von Tobias Faix

**Das ist Erpressung!
Nein, Erziehung!**
*Vater-Tochter-Dialoge über den ganz
normalen Wahnsinn des Familienalltags!*
ISBN 978-3-86827-310-6
96 Seiten, gebunden, illustriert

Kinder sind das Tollste auf der Welt, findet Tobias Faix, selbst Vater zweier Töchter, und so hat er Erlebnisse aus seinem Familienalltag gesammelt und aufgeschrieben. Daraus sind die Vater-Tochter-Dialoge geworden. Darin geht er zusammen mit seinen Töchtern Aimée und Lilly ganz ungeschminkt und ehrlich den »wirklich wichtigen« Fragen des Lebens auf den Grund:

• »Wer ist eigentlich der Boss in unserer Familie?«
• »Wenn ich gleichzeitig rülpsen und pupsen kann, bin ich dann multitasking?«
• »Warum gibt es an Erntedank keine Bananen?«
• »Wer hat eigentlich Gott geschaffen?«

*Auch als Hörbuch erhältlich
ISBN 978-3-86827-377-9, 60 Minuten Laufzeit*

Gelesen von Tobias, Aimée und Lilly Faix.

Zeitgeist
Kultur und Evangelium in der Postmoderne
Edition Emergent
ISBN 978-3-86122-967-4
256 Seiten, Paperback

Die Welt ist anders geworden. Weniger rational. Emotionaler. Suchender. Traditioneller. Offener. Ein neues Zeitalter ist angebrochen und vieles verändert sich – auch unsere Gemeinden. Das bringt Unsicherheit mit sich. Die Postmoderne zwingt uns zu einem neuen Nachdenken über das, was wirklich trägt. Neue weltweite Entwicklungen, wie die Emerging-Church-Bewegung, versuchen, in diesen Veränderungen Gemeinde neu zu leben. Wie ist das zu beurteilen und was bedeutet das für unsere deutsche Gemeindelandschaft? 24 Autorinnen und Autoren beschreiben aus unterschiedlichen Blickwinkeln, wie Christsein in unserem Kontext nicht nur möglich ist, sondern wie wir anfangen können, unsere Gesellschaft zu verändern. Im Zentrum steht dabei die Frage, wie der Geist und die Zeit zusammenzudenken sind. In vier Kapiteln werden diese Fragen aufgenommen, theoretisch durchdacht und praktisch reflektiert. Ein Buch, das die richtigen Fragen stellt, zum Mitdenken anregt und mit beispielhaften Initiativen und Projekten aus der Praxis inspiriert.

ZeitGeist 2
Postmoderne Heimatkunde
Edition Emergent
ISBN 978-3-86827-121-8
320 Seiten, Paperback

Heimat – über Jahrtausende war damit eine Konstante im Leben der Menschen verbunden. In den letzten Jahrzehnten hat sich das grundlegend verändert, nicht nur materiell, sondern auch im geistlichen Bereich. Heimat ist keine Selbstverständlichkeit mehr, sondern etwas Flüchtiges geworden, eine Durchgangsstation, kein Lebensgefühl.
Als „Postmoderne Heimatkunde" beschäftigt sich dieses Buch aus einer theologischen Perspektive damit, wie wir – in unserer sich stetig wandelnden Welt auf der Suche nach Heimat – gerade in der Veränderung bei Gott ein Zuhause finden können.

Weitere Buchtipps

Jörg Berger
Lebensziel Berufung
*Den eigenen Weg finden in einer
Welt der Beliebigkeit*
ISBN 978-3-86122-812-7
128 Seiten, gebunden

Berufung – ein etwas sperriger Begriff, dessen Perspektive und Bedeutung uns häufig verloren gegangen ist. Wie finde ich eine Lebensform, die meinem Wesen entspricht? Wofür soll ich mein Leben einsetzen? Mit anderen Worten: Was ist meine Berufung?
Auf die Frage nach dem „Wie" gibt der Autor praktische Antworten, die sich nicht nur in der Psychotherapie bewährt haben. Auf die existenzielle Frage nach dem „Wofür" bietet die Bibel Lösungen, die zu einem frohen, schöpferischen und einsatzbereiten Leben freisetzen.
Dieses Buch kann einem Leben neue Richtung geben.

Mit Illustrationen von Marion Schowalter.

Jörg Berger
Das 9 x 1 des Charakters
Gottes Bild von mir entdecken
ISBN 978-3-86827-044-0
200 Seiten, Paperback

Welche Gabe schlummert in Ihnen? Und in den Menschen, die Sie lieben? Neun Charakterbeschreibungen führen Sie auf eine Spur:
• Wachstumsbringer
• Gemeinschaftsstifter
• Hoffnungsträger
• Sinneswecker
• Brückenbauer
• Vertrauensstifter
• Freudenboten
• Freiheitskämpfer
• Friedensstifter

Menschen mit diesen Eigenschaften haben entfaltet, was Gott in ihren Charakter gelegt hat. Jeder Charakter ringt mit einer eigenen Lebensfrage. Die Suche nach einer Antwort kann in Sackgassen führen – oder zu einer Weisheit, die das Leben gelassen und fruchtbar macht. Jörg Berger verbindet in seinem Buch eine psychologische Sicht des Menschen mit den befreienden Erfahrungen, zu denen der christliche Glaube führt.